머니스톰

일러두기
- 각주로 기입된 도서, 기사, 영상 등은 필자가 해당 부분을 집필하는 데 참고한 자료를 의미
  한다.

40년 만에 찾아온 부의 변곡점

머니
M o n e y S t o r m
스톰

| 김한진 · 송주연 지음 |

P page2

이미 큰 변화가 시작됐다

서문을 멋있게 쓸 생각은 솔직히 없습니다. 독자 여러분들에게 꼭 필요한 말만 짧게 전달하고 싶습니다. 이 책 전체를 그런 실용적인 마음가짐으로 썼습니다.

인류 역사상 세상이 온전히 평온하고 조용했던 해가 얼마나 있었을까요? 지난 2023년에도 많은 일이 일어났고 해가 바뀐 2024년에도 사건사고는 끊이질 않고 있습니다. 불행하게도 러시아·우크라이나 전쟁은 끝날 줄 모르고 이스라엘 하마스 전쟁에 더해 홍해 지역에서도 새로운 중동정세 불안이 불거지고 있는가 하면, 대만 대선 결과로 미중 갈등이 더 커질 수 있다는 걱정도 존재합니다. 지구촌 인구의 절반인 40억 명이 거주하는 국가들에서는 각종 선거가 치러지고, 북한이 미친듯이 포를 쏘는 와중에 우리나라의 총선이 예정되어 있습니다. 이 중에서도 미국 제47대 대통령 선거는 과정 자체에 많은 잡음이 예고되고 있고 결과에 따라서는 그 파장이 클 수도 있습니다. 그래도 우리는 소중한 이 땅 대한민국과 지구촌의 안녕과 평화를 염원하면서 희망을 품고 또 새해를 맞이합니다.

이 와중에 최근 글로벌 증시는 AI(인공지능) 열풍 속에 미국 빅테크 주식이 기염을 토했고 많은 나라 증시가 기대 이상으로 선전했습니다. 예상과는 달리 채권시장에서 이자율은 치솟았고 달러는 강했던 해였습니다. 돌이켜 보면 기업인들은 매년 동분서주하며 한 해를 분주히 보내고 있고 투자자들은 정신없이 시장과 맞서 싸웁니다. 그렇게 세월은 흘러가고 우리는 한 해를 보내면서 항상 이렇게 말합니다. '올해 세상은 너무 특별했고, 혼란스러웠고, 유례없는 변동성을 겪었다'라고 말입니다.

그런데 우리는 지나온 발자취를 돌아보며 간혹 흠칫 놀랄 때가 있습니다. 매년 반복된 비슷한 일들이 어느새 어떤 추세를 형성한 것을 볼 때 말이죠. 한 나라의 경제성장률이나 환율, 유가, 금리, 주가 등이 지나온 발자욱, 시간의 흔적, 그 추세를 볼 때 우리는 스스로에게 질문을 해봅니다. '아니! 언제 이런 추세가 만들어졌지?'라고 의아해하면서 그 원인을 파헤치고 부랴부랴 분석도 하죠. 이 책에서도 우리는 주로 세계의 통화 증가와 물가, 그리고 이자율의 장기 추세 등을 복기하고 이들의 향후 흐름을 엿보려고 애썼습니다.

물론 경제전망은 늘 한계를 갖습니다. 첫째는 논리로 푸는 예측의 한계성 때문인데, 이는 사회현상 자체가 인간의 제한된 머리에 갇혀 돌아가는 법이 없기 때문입니다. 둘째는 합리적 증거에 의존한 예측의 한계성인데, 이는 사회과학자가 애써 동원하는 증거라 해봤자 지나간 해묵은 자료 더미에서 추출한 것이기에 미래를 전망하는 데 분명 한계가 있기 때문입니다. 더욱이 필자들처럼 밑천이 달리는 애널리스트들이 세상의 장기 추세를 논하는 것은 애당초 무리가 있음을 솔직히 고백하지 않을 수 없습니다.

그럼에도 불구하고 이번에 용기를 내어 글을 쓰게 된 이유가 있습니다. 지금은 우리의 기억 속에 남아 있는 추세의 추억을 싹 다 지우고 백지에 새롭게 그릴 필요가 있다고 생각했기 때문입니다. 비록 틀릴지라도 지금이 지난 수십 년과는 전혀 다른 새로운 추세가 시작되는 변곡점이고, 그 이면에는 그럴만한 이유가 이 지구촌에 넘쳐나고 있다는 것을 발견했다면 여러분들은 어떻게 하시겠습니까? 이미 뚜렷하게 형성된 추세를 두고 뒤늦게 갑론을박 싸우는 것보다는 비록 설익은 것일지라도 우선 함께 공유하고 다양한 의견을 나누는 게 좋다고 생각했습니다.

지난 40년은 세계 물가와 금리가 정말 기가 막히게 추세적으로 안정된 기간이었습니다. 하지만 만약 지금까지의 추세는 이미 수명을 다했고 혹시 이미 새로운 추세가 시작됐다면 이것은 너무나 큰 변혁입니다.

코로나19는 수십 년간 익숙하게 진행되어 온 전 세계적인 통화 팽창 패턴을 다시 한번 정당화하며 이를 제대로 증폭시킨 촉매제가 됐습니다. 아니, 지금까지 보지 못했던 전쟁 같은 통화 살포 작전이 한바탕 있었습니다. 이 어마어마한 돈 풀기 경쟁에는 선진국과 신흥국의 구분이 없었습니다. 특히 미국 연방준비제도는 코로나19 기간 중 더욱 큰 규모의 통화량을 기반으로 글로벌 금융 시스템의 플라이 휠이 더 큰 원을 그리며 돌아가도록 만들었습니다.

2008년 세계 금융위기와 그로부터 10여년이 지난 시점에 코로나19라는 괴상한 바이러스가 지구를 뒤덮었고 지금은 그 바이러스가 물러간 자리에 유동성이 낳은 해괴한 부작용이 돌아다니고 있는 것 같습니다. 코로나19 바이러스가 변이와 전염을 반복했듯이 이 유동성 바이러스 또한 비슷한 특징을 보이지 않을까 우려됩니다. 진짜로 그렇다면 세계경제와 금융시장, 자산시장 곳곳에 미칠 파장이 매우 크겠죠. 특히 한국과 중국처럼 기축통화국이 아니면서 부채가 많은 경제권의 부담은 더욱 클 것입니다. 물가는 앞으로 어느 정도 잡히겠지만 만약 우리의 판단이 맞는다면 금리는 그리 순탄하게 물러나지 않을 것입니다.

지금 이 순간에도 지난 세월에 우리가 익숙하게 여겼던 일들이 하나 둘씩 변해가고 있습니다. 이에 지혜롭게 대응하려면 우리는 먼저 이 변화의 본질을 꿰뚫어 이해해야 하고 이 모든 변화들을 유기적으로 연결해서 살펴볼 필요가 있습니다. 각각의 프레임 변화가 독립적으로 존재하는 것이 아니라 서로 영향을 주고받기 때문입니다. 그래서 이 책에서는 인플레이션이란 키워드로 글로벌 패러다임의 변화를 전망하면서 이들이 상호 어떻게 작용하고 자산시장에 영향을 줄지에 초점을 뒀습니다. 이런 취지에서 저희는 이 책의 구성을 다음과 같이 짜봤습니다.

제1부에서는 지금까지 세계가 걸어온 유동성 팽창 과정, 특히 세계 중앙은행이라고 할 수 있는 미국 연방준비제도의 최근 통화정책과 그 의미들, 그리고 금융완화 정책 영향 등을 파헤침으로써 각국이 앞으로도 왜 이 유동성 포퓰리즘에서 벗어나기 어려운지를 먼저 들여다보고자 합니다.

이어서 제2부에서는 이 거대한 통화 유동성 더미가 앞으로 물가와 금리에 미칠 영향에 대해 한걸음 더 깊숙이 들어가 보고, 구조적으로 세계경제에 영향을 줄 만한 변화들에 대해 두루 살펴보려 합니다. 분업질서의 변화와 달러패권 강화, 기후와 환경문제, 고령화와 생산성 변화 등 세계경제 프레임의 변화를 인플레이션이란 이름의 창을 통해 엿보는 것은 의미가 있을 것입니다.

제3부에서는 앞선 1, 2부를 토대로 자산시장의 향후 특징들을 조목조목 살펴보려고 합니다. 우선 자산시장 전체의 패러다임 변화를 조망해 보고 채권, 주식, 원자재, 부동산 시장 순으로 인플레이션과 금리의 변화가 각 자산군에 어떠한 영향을 줄지에 대해 알아보려고 합니다.

마지막으로 제4부에서는 앞서 정리한 세계경제 프레임의 변화와 중금리 환경과 관련해 한국경제의 미래를 그려보고, 정부와 기업들의 대응전략과 금융투자자들이 각별히 주목해야 할 포인트를 짚어볼까 합니다.

시장전망은 잘해야 본전인 것 같습니다. 더욱이 저희의 좁은 식견 탓에 이 책의 곳곳에 논리의 비약과 오류가 있을 것입니다. 하지만 변명 아닌 변명을 미리 드리자면 이 책은 '앞으로 세상이 이렇게 될 것 같으니, 무조건 믿고 따라오세요!(아니면 말고)'라는 식의 미래예측서가 아닙니다. 대신 '지금은 이런저런 정황상 이런 것들을 반드시 고려하고 대비해야만 할 때입니다.'에 가까운 컨설팅 자료입니다. 이 책은 독자 여러분이 자산시장 주변의 금융환경을 저희와 함께 균형 있게 둘러보고 자신의 입장에서 나름 필요한 전략을 찾는 데 참고할 도우미 성격의 책입니다. 그래서 다가올 경제환경에 대한 밑그림을 새롭게 그리고 필요한 전략을 다듬는 데 이 책을 적극 활용하셨으면 좋겠습니다.

　미지의 세계를 향해 흐린 하늘 아래서 희미한 별을 보고 항해하는(2023년 8월 잭슨 홀 미팅에서 제롬 파월 연방준비제도 의장이 한 말) 대한민국의 많은 애국자 기업인 여러분과 오늘도 자본시장에서 고군분투하는 투자자 여러분이 어렴풋이 '항로를 잃지 않기 위해 무엇을 바라보고 가야 할지'를 함께 고민하는 책 정도로 봐주시면 감사하겠습니다.

　부족하지만 이 책이 어수선하고 늘 고삐 풀려 날뛰는 이 시대의 경제와 금융시장에 맞서 싸우시는 모든 분들께 아주 작은 빛이 될 수 있다면 더 이상 바랄 게 없겠습니다.

　아무쪼록 늘 건승하시고 행복하시길 진심으로 기원합니다. 새해 복 많이 받으십시오.

2024년 새해 첫날 여의도에서
저자 드림

| CONTENTS |

| 머리말 | 이미 큰 변화가 시작됐다   004

제1부 ⑤ 유동성 포퓰리즘 어디까지 왔나?

종이로 쌓아 올린 거대한 탑   018
심판의 날은 언제인가   024
정부가 이끄는 인플레 정책   028
유동성 포퓰리즘의 질주   032
뉴 노멀 시대를 만든 각국의 중앙은행   036
인플레이션의 폐해   044
유동성 도취 국면으로   059

제2부 ⑤ 유동성과 세계경제 프레임의 변화

저금리 시대의 종언   072
채권시장과 금리의 상관관계   077
금리인하기에 오히려 빈번한 위험에 주의하라   081
분업질서의 변화   084
탈세계화는 인플레이션을 부른다   091
달러패권의 지속과 금융 위험   094
기후와 환경 변화   108
미룰수록 청구서의 비용은 올라간다   114
고령화와 생산성 혁명   117

제3부 💲 자산시장, 변화의 길목을 지켜라

자산시장 패러다임의 변화	132
양적완화는 재현될 것인가	140
통화 팽창의 순기능과 역기능	142
인플레 시대의 채권투자: 우량채권 유망	145
채권시장에서 주목할 일들	151
주식은 최적의 위험자산	158
원자재, 자원 전쟁의 서막	181
부동산, 위험과 차별화 사이에서	192
미국 상업용 부동산 시장의 위험	209
중국 부동산 시장 몸살의 의미	214

제4부 💲 과거는 잊어라. 변해야 살아남는다

자칫하면 잃어버릴 한국의 향후 10년	224
정부와 기업의 과제	239
인플레이션 시대에 살아남을 기업	253
미중 갈등 상황 속 어부지리 수혜	258
선진국 수출시장 확대	262
자산배분 전략과 지혜	266
┃맺음말┃ 환경 변화는 혁신으로 맞선다	277

M o n e y   S t o r m

제1부

유동성 포퓰리즘
어디까지 왔나?

제1부에서는 화폐로 쌓아올린 거대한 유동성 탑이 세상에 어떤 영향을 미치고 있는지 먼저 살펴보려 한다. 통화 증가 자체는 어떤 해악도 아니다. 경제성장 과정에서 나타나는 당연한 현상에 불과하다. 다만 경제 규모에 비해 너무 빨리 불어난 통화량과 경제 주체들이 모두 당황할 정도의 유동성 홍수, 자원 배분에 지대한 영향을 줄 정도의 초저금리 정책은 반드시 문제를 일으킨다. 우리는 그간 풀린 통화의 효용과 비용, 그 단기 효과와 장기 효과에 대해 얼마나 균형 있게 평가하고 있는가?

통화량과 부채는 동전의 앞 뒷면과도 같다. 부채도 그 자체로는 문제될 게 전혀 없다. 다만 부채 또한 너무 빨리 늘어나 부채 소화불량에 걸릴 때가 문제다. 더욱이 지금은 통화와 부채 수위가 함께 높아 인플레이션이나 금리 상승, 경기침체 등과 만날 때 서로 불협화음을 일으킬 위험이 높다. 특히 부채는 어떤 임계점을 넘었을 때 위험한 일이 벌어질 가능성이 있다. 흥청망청 커진 신용은 빚진 자뿐 아니라 채권자도 위험으로 몰고 간다.

지구촌 전체에 만연된 유동성 포퓰리즘은 그 달콤함의 특성상 쉽게 사라지지 않을 것이다. 물론 물가를 잡을 때 잠시 주춤하겠지만 길게 보면 중앙은행과 정부의 이 유동성 살포 공조는 쉽게 멈추지 않을 것 같다. 이 거대한 통화량의 실체와 파장, 통화 및 재정정책의 허와 실을 먼저 살펴보는 게 다음 솔루션을 찾기 위한 첫걸음일 것이다.

종이로 쌓아 올린 거대한 탑

구약성서 창세기 11장에는 벽돌로 하늘 높이 쌓아 올린 바벨탑 이야기가 나온다. 바벨탑은 창조주와 맞서는 인간의 허영과 교만을 상징한다. 성서에 따르면 결국 하나님(神)은 원래 하나였던 언어를 여러 개로 쪼개어 바벨탑 건설을 막았고 사람들은 서로 오해와 불신 속에 각자의 언어를 갖고 전 세계로 뿔뿔이 흩어지게 됐다.[1] 이후 지구상에는 무려 7,000여 개의 언어가 존재하

---

1   성경 창세기 11장 1~9절

중세 유럽의 바벨탑 상상화
출처: 피터르 브뤼헐(Pieter Bruegel) 작, 1563년, 빈 미술사 박물관 소장

게 된 것으로 알려져 있다.

비유가 그리 적절치 않을 수 있지만, 고대 바벨탑과 비슷한 상황이 지금 21세기 경제 현장에서도 벌어지고 있다. 그것은 바로 돈으로 쌓아 올린 유동성이란 이름의 바벨탑이다. 세계 각국은 흙으로 잘 구운 벽돌 대신 '잉크 냄새 풀풀 나는 빳빳한 지폐'를 차곡차곡 쌓아 금융 바벨탑을 만들고 있다. 족히 100년이 넘는

역사를 자랑하는 이 '종이의 탑'[2]은 지금 세계경제를 지배하고 있으며 실제 금융시장을 쥐락펴락하고 있다.

이 종이의 탑은 우선 세계경제의 순환과 물가, 금리에 영향을 준다. 또 이 유동성 탑은 여러 자산가격 변동에 영향력을 행사하고, 소비 트렌드와 기술 발전, 심지어는 한 국가의 흥망성쇠에도 영향을 미칠 정도로 위력이 대단하다. 글로벌 자본을 가두어 놓은 저수지의 수위를 조절하는가 하면 그 자본이 갈 곳과 자본의 유속을 결정하고 환율에도 지대한 영향을 미친다.

흥미로운 점은 이 거대한 '유동성 탑'이 사실상 지금 한 나라에 의해 좌지우지되고 있다는 사실이다. 전 세계 표준 화폐와 표준 금리(표준 안전자산인 미국국채)를 결정하는 기관은 미국의 중앙은행 격인 연방준비제도(Federal Reserve System, 이하 연준)[3]다. 연준은 이 글로벌 타워의 운영자이자 자타가 공인하는 지배자다. 연준이 금리의 기준점(기준금리)을 새롭게 변경하면 전 세계 모든 중

---

2   '종이의 탑'은 2021년 넷플릭스에서 스트리밍한 스페인 드라마 '종이의 집'에서 원용한 것이다. 이 '종이의 집' 드라마 원제는 스페인어로 'La Casa de Papel'인데 직역하면 '지폐의 집'을 뜻한다.

3   1913년 연방준비법에 의해 설립된 미국의 중앙은행. 연방준비제도는 연방준비제도이사회 (Federal Reserve Board of Governors), 연방공개시장위원회(Federal Open Market Committee), 12개 지역 연방 준비은행(Federal Reserve Banks)의 세 가지 주요 기관으로 구성되어 있다. 이들의 통화정책 주요 목표 두 가지는 최대 고용과 물가 안정이며, 이러한 조건하에서 장기적인 경제성장을 도모한다.

앙은행 정책가들은 이에 일제히 순응한다. 연준이 2022년 3월에 금리를 먼저 올리자 호주중앙은행(RBA)은 5월부터, 스위스중앙은행(SNB)은 6월, 유럽중앙은행(ECB)은 7월부터 각각 금리를 올리기 시작했다. 사실 오늘날 거의 모든 국가가 통화정책의 자율권을 잃었다 해도 과언이 아니다. 연준이 유동성 밸브를 조절하면 장기금리의 표준이 변하고 이는 전 세계 경기와 환율시장, 자산시장 환경을 바꾼다. 미국과의 금리 차이가 환율을 변화시키고 그 결과, 특히 신흥시장(이머징마켓)으로의 자본유입과 이탈이 결정되는 현상은 이제 흔한 일이 됐다. 한미 기준금리 차이가 2.0%포인트(200bp) 벌어졌던 2023년에 우리의 원화 환율은 평가절하됐고 외국인 투자자의 한국 주식시장 이탈도 돋보였다. 그것이 모두 한미 금리차 때문이라고 보긴 어렵지만 완전히 무관하다고 볼 수도 없다.

이렇게 '종이의 탑'의 위력이 커지자 사람들은 이 탑을 떠나 살기가 어려워졌다. 이제 이 종이의 탑은 경기의 시녀가 아니라 세계경제를 지배하는 주인이자 몸통이 됐다. 뒤에서도 다루겠지만 세계 중앙은행들이 물가에 적극 대응하고 나선 것은 1970년대 석유파동 때부터였고 경기 부양에 보다 적극적으로 변한 것은 2000년대 이후였다. 실제로 경기위축(과열)이 중앙은행의 금융완화(긴축)를 불러오지만 금융완화(긴축)가 경기회복(위축)을 촉진하는 것 또한 부인할 수 없다. 그리고 금융시장과 자산시장이 경기와 통화정책 사이에 있어 이 둘을 이어주는 매개이자 촉매 역할을 하고 있다. 무엇보다 이 거대한 '종이의 탑'은 전 세계 자산가격을 춤추게 한다. 집값, 상업용 부동산 가격, 주가, 유가, 암호화폐 등 온갖 자산가격과 금리, 환율 등 대부분의 가격 변수들이 이 탑의 영향 아래 있다. 그러니 이 탑이 조금만 흔들려도 당연히 자산시장의 지축이 흔들린다.

물론 좋은 점도 있다. 한없이 풍부해진 통화량 덕분에 자금의 수요와 공급이 만나는 '금융시장'은 최근 눈부시게 발전했고 '자산시장' 규모 또한 몰라보게 커졌다. 풍부한 유동성 기반의 자산시장은 여러모로 개인들의 투자 행태도 바꿔놓았다. 가령 예전에는 전문 투자자나 소수의 특정 운용회사만이 투자할 수 있었던 파생상품과 레버리지 상품을 지금은 일반 투자자들도 상장지수펀드(ETF, Exchange Traded Funds)를 통해 언제든 간편하게 사고팔 수 있게 됐다. 여러 투자상품들이 지구촌 투자자들의 안방 깊숙이 파고들 수 있었던 것도 따지고 보면 급속히 불어난 유동성과 이에 부응한 금융 산업의 발달 덕택이 아니었나 싶다.

넘쳐나는 유동성과 투자상품의 홍수, 그리고 이를 둘러싼 정보의 홍수까지, 이 모든 것이 다 하늘 높은 줄 모르고 치솟은 이 '종이의 탑'이 낳은 부산물이다.

토막코너

ETF(Exchange Traded Fund)란 상장지수펀드이다. 특정 지수 및 특정자산의 가격 움직임과 수익률이 연동되도록 설계된 펀드로 증권거래소에 상장되어 일반 주식처럼 거래된다. ETF는 개별주식의 장점인 매매의 편의성과 인덱스펀드의 장점인 분산투자, 낮은 거래 비용이라는 특성을 갖고 있다.

글로벌 투자정보 회사 모닝스타에 따르면 전 세계 ETF시장은 2005년 이후 연평균 16%의 놀라운 성장을 보여왔는데 국가별로는 미국이 73.5%, 조세 회피지역인 아일랜드가 11%, 일본이 5.1%를 차지하고 있다. 2023년 8월 31일 기준 미국증시에 상장된 ETF는 3,200개, 한국은 744개이다. 전 세계 ETF는 2008년 글로벌 금융위기 이후 본격 성장하기 시작해 2008년 5,000억 달러에 불과했던 순자산이 2023년 10조 달러로 20배 성장했다. 하지만 한국의 ETF는 약 770억 달러(104조 원)로 세계 전체의 0.8%에 불과하다.

ETF와 금융상품 비교

구분	ETF	주식	인덱스펀드	액티브펀드	지수선물
운용 목표	특정 인덱스	인덱스초과수익	특정 인덱스	인덱스초과수익	해지 및 차익
법적 성격	집합투자증권	지분증권	집합투자증권	집합투자증권	파생상품
유동성	높음	높음	낮음	낮음	높음
레버리지 가능 (증거금 매입)	가능	가능	불가	불가	가능
거래 비용	위탁수수료 운용보수 (약 0.5%)	위탁수수료	운용보수 (1~2%)	운용보수 (2~3%)	위탁수수료
증권거래세	면제	매도 시	적용배제	적용배제	면제

자료: 한국거래소

심판의 날은 언제인가

높은 건물이 지어지면 경제의 거품이 붕괴된다는 마천루의 저주(skyscraper curse) 가설이 있다. 1999년 도이체방크의 분석가 앤드루 로런스(Andrew Lawrence)는 100년간 사례 분석을 통해 과거 역사상 초고층 빌딩은 경제위기를 예고하는 신호 역할을 해왔다고 주장했다. 천문학적 비용이 소요되는 초고층 빌딩 건설 프로젝트는 주로 돈이 남아도는 금융완화 시기에 시작되지만 완공 시점이 되면 대개 경기가 과열에 이르고 이후 경제의 여러 거품들이 꺼지면서 불황을 맞게 된다는 것이다.

1931년 엠파이어스테이트 빌딩(381m)이 뉴욕에 들어선 시점에 공교롭게도 대공황을 겪었던 것이 그 시작이었다. 1970년대 중반 뉴욕의 세계무역센터(각 415, 417m)와 시카고 시어스타워(442m)가 세계 최고 빌딩으로 올라선 이후 오일 쇼크가 발생했고 미국경제는 사상 초유의 고물가 속에서 경기침체를 겪었다. 1997년 말레이시아 쿠알라룸푸르에 세워진 페트로나스타워(451.9m)가 마천루의 새로운 기록을 경신하자 아시아 경제위기가 찾아왔다. 세계 최고층 빌딩 브루즈 할리파(162층, 높이 828m)가 착공된 2004년 당시 두바이엔 주변 중동 국가의 오일머니와 서방의 투자자금이 몰려들어 부동산과 금융시장이 유례없는 호황을 맞았다. 하지만 완공을 앞둔 2008년 글로벌 금융위기가 터졌고 두바이에 대한 해외자본 투자가 위축되면서 건설업과 외자에만 의존해 온 두바이 경제가 한때 위기를 맞았다.

마천루의 저주처럼 인간의 지혜와 문명을 믿고 하늘 높은 줄 모르고 치솟던 바벨탑은 결국 어느 날 의도치 않게 시공이 전면 중단됐다. 그렇다면 현 시대에 지폐로 높게 쌓아올린 '종이의 탑'에 대한 염려는 괜한 기우일까? 고대의 바벨탑이 인간의 과욕 때문에 신(神)의 징죄를 받았듯이, 오늘날 이 유동성 탑은 아무 문제가 없을지 궁금하다. 벌써부터 이 탑과 관련한 여러 잡음들이 커지고 있기 때문이다.

그 중에서도 가장 큰 문제점이라면 이 탑을 사용하는 데 드는 비용이다. 더욱이 그 비용은 나라마다 천차만별이고 그것은 이 탑을 지배하고 있는 기축통화국들의 결정에 달려있다. 그 비용의 이름은 바로 인플레이션이다. 인류는 그동안 수많은 인플레이션을 겪어왔고 패권 국가들은 나름 이 인플레이션을 다스리는 기술을 발전시켜 왔다. 하지만 아이러니 하게도 '칼은 칼로 망한다'는 격언대로, 어느 시대나 제국의 강력한 통화패권은 결국 통화가치 하락(인플레이션)으로 몰락했다. 대부분 화폐의 어마어마한 폭증(희석)이 낳은 결과였다.

우리는 지난 역사에서 분명한 교훈을 하나 얻었다. 그것은 과도한 통화량은 크든 작든 간에 결국 인플레이션으로 이어졌다는 엄연한 사실이다. 통화량 증가로 인한 인플레이션의 크기와 지속 기간은 시기와 나라마다 각각 달랐고 특히 인플레이션의 원인에 따라 차이가 컸다. 지금처럼 인플레이션 요인이 복합적인 경우는 그 영향을 가늠하기가 더 어려운 것 같다. 오랜 기간 불어난 통화량에 코로나19로 인한 추가 유동성 공급, 노동 공급의 절대 부족 현상(미국과 일부 선진국의 경우), 세계 분업질서의 변화로 인한 각종 비용 상승, 미국과 중국의 갈등, 러시아와 우크라이나 전쟁, 새롭게 터진 중동 정세의 불안, 기후와 환경 변화, 생산인구의 부족과 임금 상승 현상까지 지금의 인플레이션 환경은 그 어느 때보다도 복잡해서 현기증이 날 정도다.

돌이켜 보면 인류가 걸어온 경제의 역사는 돈의 역사였고 이는 곧 인플레이션의 역사이기도 했다. 경제의 운행 질서가 획기적으로 바뀌지 않는 한(가령 에너지 효율이 퀀텀점프하는 기술 발전이나 양자컴퓨터의 상용화와 같은 대혁신이 오지 않는 한) 이 화폐의 바벨탑은 결국 '인플레이션 탑'이라고 불려도 무방할 것이다.

고대 로마시대의 인플레이션으로부터 13세기 중국 송나라의 지폐 인플레이션, 16세기 스페인의 (페루와 멕시코 광산으로부터) 금과 은 유입량 증가에 따른 인플레이션, 18세기 프랑스 혁명 때의 인플레이션, 19세기 미국 남북전쟁 때 치솟은 재앙적인 인플레이션

등은 모두 권위 있는 화폐가 쓸모 없는 휴지 조각으로 바뀐 사건이었다. 우리나라 역시 조선 후기(고종 3년, 1866년), 악화된 재정을 메우기 위해 발행한 당백전은 당시 통용되던 상평통보에 비해 모양과 중량은 5~6배에 지나지 않았으나 명목가격은 100배에 달해 저질 통화의 인플레이션 저주를 피할 수 없었다.

1차 세계대전 직후 독일 바이마르 공화국 물가는 1923년까지 연 1,000% 넘게 뛰었고 1946년 헝가리 물가는 하루에 150,000% 올랐으며 2007년에 나이지리아는 월 800%에 달하는 살인적인 물가 상승을 경험했다. 그리고 2023년 말 베네수엘라 물가 상승률은 아직도 190%에 달하고 있다. 이처럼 화폐가 몰락하게 된 사례는 역사상 허다했다.[4]

통화론자들은 모든 인플레이션을 화폐적 현상이라고 본다. 즉, 돈을 계속 찍어내면 재화보다 재화를 교환하는 데 사용되는 돈이 더 많아지니 돈의 교환가치가 떨어질 수밖에 없다는 거다. 돈의 가치가 떨어지는 것은 실물 재화를 구매하는 소비자 관점에서 보면 물건 값이 오르는 것이고 우리는 이를 인플레이션이라고 부른다.

---

4 『인플레이션: 부의 탄생, 부의 현재, 부의 미래』 하노 벡 외, 강영옥 옮김, 다산북스, 2017년

정부가 이끄는 인플레 정책

통화[5]를 공급하는 경로는 통상 두 가지다. 하나는 중앙은행이 본원통화를 찍고 이를 토대로 민간은행이 신용화폐를 공급하는 방법인데 이때 당연히 민간부채도 증가한다. 또 다른 통화공급 경로는 정부가 재정지출을 늘려 재정적자를 감수하는 것인데 이 것은 신용이 취약한 민간을 대신해 경제가 어려울 때 상대적으로 신용도가 높은 정부가 기꺼이 빚을 감당하는 경로다. 이렇듯 자본주의 경제는 잠재성장률 이상으로 초과 성장을 하기 위해서 누군가가 반드시 빚을 지도록 설계되어 있다.

특히 2020년 이후 팬데믹 구간에서는 중앙은행의 금리인하 및 통화공급과 함께 정부가 가계에 직접 현금을 지급함으로써 초과저축을 유발하고 이 누적된 초과저축이 물가에 지속적으로 영향을 준 것으로 밝혀지고 있다. 아울러 코로나19에서 벗어난 2022~2023년에도 미국 연방정부는 GDP의 5.4%와 6.3%의 재

---

5   M1은 즉시 사용할 수 있는 현금통화(민간의 보유현금)와 요구불예금(예금통화)의 합계로 협의의 통화라고도 부른다. 이에 반해 M2는 M1에 만기 2년 미만의 금융상품(정기 예적금), 수익증권(펀드), 양도성 예금증서, 2년 미만의 금융채 및 금전신탁, 수시 입출금식 금융상품(CMA) 등이 추가로 포함되고 광의의 통화라고 부른다. 즉 M2는 현금통화에, 마음만 먹으면 바로 현금화할 수 있는 요구불 예금과 다양한 저축성 예금까지 포함한 통화이기 때문에 시중에 풀린 현금 유동성을 가장 잘 나타내는 통화지표다. 본서에서도 이 M2를 기준으로 시중 유동성을 분석했다.

정적자를 각각 감수하며 재정지출을 늘려왔다. 이때는 미국 가계와 기업이 그리 어렵지 않은 상황이었음에도 불구하고 정부가 민간을 대신해서 돈을 계속 썼다는 이야기다.

통화 팽창은 곧 부채 증가와 일맥상통하는데 정부도 그 빚쟁이 중 하나다. 아니, 근래에 올수록 아주 큰 빚쟁이로 단단히 자리를 굳히고 있다. 따지고 보면 경제위기란 너무 많이 쌓인 부채 때문에 생긴 무질서하고 거친 부채조정 과정(빚을 갚고 줄이고 누군가 책임지는 과정)이다. 그 빚이 외채일 때 우리는 그것을 외환위기라고

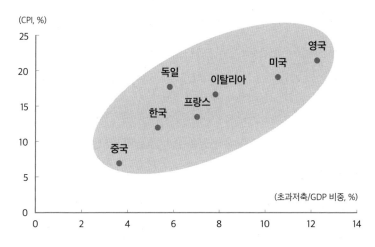

인플레이션과 초과저축의 관계

자료: IBK투자증권 리서치센터 정용택 매크로 리포트(2023.12.01. 원 출처는 블룸버그)
주: 2019년 말 대비 2023년 물가지수 변화와 초과저축/GDP 변화

부른다. 부채조정으로 인한 경제위기 규모가 크면 클수록 그만큼 경제가 받는 충격도 크고 국민이 감당해야 할 비용도 커진다. 가계나 기업에서 이런 일이 발생하면 정부는 더 큰 위기로 번지는 것을 막기 위해 민간의 빚을 대신 정리해 주고 이를 정부부채로 바꾸는 일을 추진한다. 은행의 부실화나 대마불사(大馬不死)형 거대 기업의 파산은 위험의 전염성이 높아 경제 전체에 타격을 줄 수 있기에 정부(편의상 정부라고 말하나 실제로는 국영은행이나 민간은행을 통한 간접지원을 말한다)는 기존 주주에게 적절한 책임을 묻고 즉각 해당 부실을 전부 또는 일부 떠안는다. 따라서 정부부채와 통화량 증가, 인플레이션은 서로 밀접한 관계를 갖는다.

물론 모든 물가 앙등이 통화 팽창과 부채 팽창에서 비롯되는 건 아니지만 통화와 부채 팽창은 대부분 인플레이션으로 이어져 왔다. 통화량이 급증하고 신용이 폭증하는 상황에서 경기가 과열되고 자산가격까지 급등하면 이때의 인플레이션은 더욱 컸고 그다음 경기가 꺾이고 자산거품이 붕괴되면서 역대급 경제 충격이 왔다. 2000년 닷컴버블이나 2008년 글로벌 금융위기가 그 대표적인 사례다.

이처럼 실물 인플레이션과 자산 인플레이션(주가나 집값 등 자산가격 앙등에 따른 인플레이션), 그리고 부채의 폭주는 항상 붙어다녔고 대개는 자산시장의 파티(자산 인플레이션)가 실물경제 호황보다 좀 더 오래갔다. 한 가지 특이했던 때는 2008년 글로벌 금융위기 직후부터 2020년 팬데믹 직전까지였는데 이 국면은 정부부채/GDP 비율이 급증했음에도 불구하고 인플레이션이 비교적 안정된 구간이었다. (이 기간 중 세계물가 안정에는 중국의 산업화와 자유무역 확대 등 여러 구조적인 요인들이 기여했는데 이는 제2부에 상세히 소개되어 있다. 향후 이 구조적 요인들이 약해지면서 물가가 예전만큼 안정을 보이지 못함에 따라 이미 증가한 부채가 여러 부작용을 낳을 것이라는 게 본서의 핵심 주장 중 하나이다.)

미국 연방 정부부채와 인플레이션

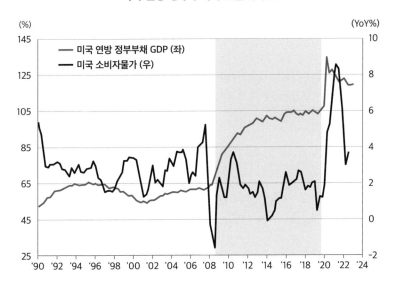

자료: FRB

주: 2008년부터 팬데믹 직전까지는 가파른 정부부채 증가에도 불구하고 물가가 비교적 안정된 시기였다. (음영 부분)

유동성 포퓰리즘의 질주

화폐량이 늘어나면 물건보다 돈이 많아져 화폐로 교환되는 모
든 재화의 가격이 자연스럽게 오른다. 땅 속에 묻혀 있는 자원 가
격부터 땅과 그 땅 위의 부동산, 공산품은 물론 각종 서비스 가격
까지 들썩인다. 이 책에서 우리는 특히 통화론자(Monetarism, 경제
내에서 화폐의 역할을 강조하며 정책 수단 중 통화정책을 중시하는 경제학자) 입
장에서 이 문제를 바라보고자 한다.

근원소비자물가와 미국의 총통화

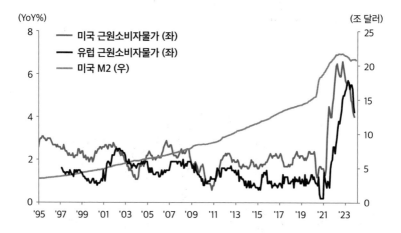

자료: FRB
주: 연준은 2020년 5월부터 M2에 포함되어 있던 저축예금 항목을 기타 예금과 합하여 기타 유동예금으
로 M1에 포함, 과거 데이터를 조정해 활용하고 있다. 위 차트는 수정하지 않은 데이터다. 근원소비자
물가는 소비자물가에서 에너지와 음식료 등 변동성이 큰 항목을 뺀 물가를 뜻한다.

미국의 경제학자 밀턴 프리드먼(Milton Friedman)은 국가의 재정지출과 경기 부양책을 강조한 케인스주의[6]와는 달리 더 작은 국가, 더 많은 자유를 주장하는 신자유주의 경제학자였다. 그는 인플레이션과 통화 공급 사이에는 밀접하고 안정된 관계가 존재하므로 통화량을 기반으로 경제성장률을 조절하면 과도한 인플레이션을 피할 수 있다고 주장했다. 즉 생산량보다 화폐 총량이 더 빠르게 증가할 때 물가 상승률이 올라간다는 통화주의자들의 이론은 그간 경제 현장에서 충분히 입증된 현상이다.[7]

대공황 이전 약 200년간 대부분의 산업국가는 금본위제를 채택하고 있었다. 이에 중앙은행은 언제라도 사람들이 요구하면 화폐를 소정의 금으로 교환해 줘야 했기 때문에 국가는 미리 충분한 금을 보유해야만 했다. 덕분에 금본위제를 고수한 19세기와

---

[6] 케인스주의 경제학(Keynesian economics): 영국의 경제학자 케인스(J. M. Keynes, 1883~1946)의 「고용, 투자, 화폐에 대한 일반이론」(1936)에 기반을 둔 경제 이론이다. 소득과 고용 증진을 위해서는 실질적인 투자지출이 항시적으로 유지되어야 한다고 주장함으로써 많은 나라의 경제정책에 이론적인 기초를 제공했다. 이처럼 케인스주의(Keynesian)는 케인스류의 총수요 관리정책에 의한 경제 운용을 가리키지만, 보다 폭 넓게는 폴 사무엘슨(Paul Anthony Samuelson)으로 대표되는 '신고전학파 종합'의 견해를 일컫기도 한다.

[7] 경제 내에서 화폐의 역할을 강조하며 정부의 경제정책 중 통화정책을 가장 중시하는 경제학파를 통화주의라고 한다. 통화주의의 이론적 근거는 신 화폐수량설이다. 대표적인 통화론자로는 밀턴 프리드먼, 브루너, 멜처, 슈와츠 등이 있다. 특히 밀턴 프리드먼(Milton Friedman, 1912~2006)은 당시 학계와 정부 내에서 지배적이었던 케인스 이론과는 대비를 이루며 통화정책의 중요성을 주장해 통화주의의 태두가 됐다. 화폐론과 소비자 행동이론에 관심을 두었던 프리드먼은 동시대 경제학자들과 정책가들에게 상당한 영향을 미쳤다.

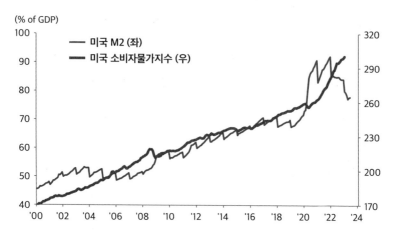

미국 총통화와 소비자물가 추이

(% of GDP)

— 미국 M2 (좌)
— 미국 소비자물가지수 (우)

자료: FRB
주: 미국 소비자물가지수는 1982~1984년 = 100 기준

20세기 초에는 전 세계에서 인플레이션이 거의 발생하지 않았다. 하지만 통화량이 정부의 금 보유량과 일치해야만 하는 이 제도 하에서 중앙은행은 원천적으로 통화량을 조절할 수 없었다. 금융 위기나 경제위기 때 통화정책을 쓸 수 없는 금본위제[8]의 결함을 해소하기 위해 미국 의회는 1913년에 연방준비법(Federal Reserve Act)을 의결해 연준을 설립했다. 하지만 뚜렷한 지침이 없던 상태에서 1929년 대공황(Great Depression, 1929년에 시작되어 1939년까지 세계적으로 지속된 경제불황 국면)을 맞은 연준은 법으로 보장된 통화공급 권한을 전혀 행사하지 못했다.

그로부터 무려 40년이 지난 1971년 8월, 많은 우여곡절 끝에 미국정부는 달러와 금의 교환정지(금본위제 폐지)를 선언했다. 1960대 말부터 베트남 전쟁 등으로 인해 경제력이 약화되고 금 보유고가 턱없이 부족해졌기 때문이었는데 당시 미국 대통령 리처드 닉슨은 이렇게 말했다. "한 나라의 화폐는 그 나라의 경제력에 달려 있습니다. 그리고 미국은 세계 최강의 경제대국입니다." 이후 미국은 이 논리에 의지해 지금까지 세계 최고의 기축통화국[9] 지위를 누리고 있다.

1971년 이 조치(닉슨 쇼크)로 인해 달러가치가 약세를 보임에 따라 수출 의존도가 높은 동아시아와 남미 국가들이 타격을 받았다. 아울러 이 사건 이후 세계 많은 국가들이 고정환율 대신 변동환율제를 채택하게 되었다.

---

8   금본위제(gold standard)는 화폐 단위의 가치와 금의 일정량의 가치가 등가로 교환되는 제도를 의미한다. 19세기 영국을 중심으로 발전된 제도로 제1차 세계대전 이전까지 모든 국가의 통화는 일정량 금의 가치에 고정이 되어 있었고, 금을 기준으로 통화의 가격이 측정되었다. 제1차 세계대전 당시 국가들은 전쟁 비용 마련을 위해 많은 양의 돈을 찍어냈고, 이러한 과정 속에서 영국은 1914년 금본위제 포기를 선언했다. 이후 미국을 포함한 44개국 대표들이 모여 '브레튼우즈 체제'를 만들었다. 브레튼우즈 체제는 금 1온스를 35달러로 고정시키고, 그 외에 다른 나라의 통화는 달러에 고정시키는 제도였다. 이 과정에서 금의 기준 체제가 파운드가 아닌 달러로 바뀌었고, 달러의 시대가 도래하였다.

9   국가 간 결제나 금융 거래에 기본이 되는 화폐인 기축통화를 발행하는 국가를 의미한다. 현재 미 달러가 가장 대표적인 기축통화이며, 유로, 파운드, 엔 등이 주요 기축통화로 여겨지고 있다.

뉴노멀 시대를 만든 각국의 중앙은행

　마침내 금으로부터 자유를 얻은 연준과 전 세계 중앙은행들은 이론적으로는 이때부터 통화 팽창에 대해 어떠한 제약도 받지 않고 금융정책을 적극적으로 펼칠 수 있게 됐다. 기축통화국인 미국과 영국의 소비자물가는 제2차 세계대전 이후 그 속성이 서서히 변하기 시작했지만 전혀 다른 물가 궤적을 보인 것은 금본위제에서 명실공히 지폐 본위제(중앙은행의 통화공급을 제한하지 않는 시스템)로 전환한 1970년대 초부터였다.[10] 경제학자들도 통화정책이 경기의 자율조정 기능을 방해하기 시작한 시기를 중앙은행이 금본위제를 파기한 1970년부터로 보고 있다. 통화정책이 경기를 부양하고 금융위기를 수습하는 데는 효과를 봤지만 대신에 다른 것을 잃었다는 것이다.[11] 이후 세계경제는 물가 상승과 경기침체, 금융위기와 금값 폭등 같은 일을 더 자주 겪게 됐는데 이 같은 파열음들은 곧 지폐본위제도가 잘 관리되지 못했다는 증거이자, 지

10　『주식에 장기투자하라』 제러미 시겔 지음, 이건 옮김, 이레미디어, 2015년

11　일부 경제학자들은 경기침체를 일종의 '피트 스톱(pit-stop, 카 레이싱에서 정비를 위해 잠시 정지하는 시간과 공간)'으로 경제의 효율성을 높일 수 있는 가장 중요한 시기라고 본다. 경기침체기에 급증하는 민간의 도산은 더 건강한 경제성장을 하기 위한 필수 불가결한 과정이라는 것이다. (『금리의 역습』 에드워드 챈슬러, 위즈덤하우스, 2023년)

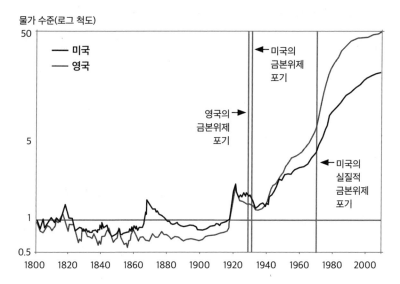

미국과 영국의 소비자물가 지수

물가 수준(로그 척도)

- — 미국
- — 영국

영국의
금본위제
포기 →

미국의
금본위제
포기 →

미국의
실질적
금본위제
포기 →

참고 자료: 『주식에 장기투자하라』 118쪽, 제러미 시겔 지음, 이건 옮김, 이레미디어, 2015년

폐본위제도의 근본적인 한계라고도 볼 수 있다.

　역사를 돌이켜 보면 통화량은 금본위제 시절에도 경제성장과
함께 계속 늘어왔다. 통화량은 특히 1914년 제1차 세계대전(1914년
7월~1918년 11월)과 제2차 세계대전(1939년 9월~1945년 8월) 기간 중
크게 불어났다. 중세시대부터 제왕들은 화폐를 찍어 전쟁자금을
조달했는데 거대해진 국채시장을 통한 우회적인 통화 팽창으로
외형만 조금 세련되어졌을 뿐 원리는 현대에도 똑같다.

연준이 인플레이션 파이터로 나섰을 때는 1960년대 베트남 전쟁과 1970년대 두 차례의 석유파동을 겪으면서 그야말로 미친 인플레이션이 찾아왔을 때였다. 바로 이 시기에 연준의 존재감이 급부상했다. 1961년 1%대에 머물렀던 미국의 기준금리는 1972년 초 3.3%를 거쳐 1981년에는 무려 20%까지 올랐다. 1970년대 끔찍한 하이퍼 인플레이션을 경험했던 탓인지 연준은 돈을 얼마든지 풀 수 있는 권한을 가졌음에도 불구하고 1980년대 내내 높은 금리를 유지하며 신중한 정책 스탠스를 견지했다.

물론 1980년대 중반까지 경제성장과 함께 통화량 자체는 꾸준히 늘었지만 국내총생산(GDP) 대비 총통화(M2)의 상대 비율은 여전히 50~60%대에 머물고 있었는데 이는 이 시기에 통화정책이

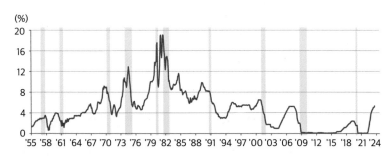

연준의 기준금리 추이

자료: FRB
주: 음영은 경기침체 기간을 표시

제1부 · 유동성 포퓰리즘 어디까지 왔나?

비교적 중립적이고 신중했음을 시사한다. 1987년부터 2000년까지는 미국경제가 매우 안정된 성장을 보인 국면이었는데 이 기간 중 연준의 기준금리는 세 차례나 인상됐고 GDP 대비 통화량은 계속 낮아졌다. 이후 닷컴버블이 붕괴되자 연준은 경기 부양을 위해 기준금리를 2003년 1%까지 큰 폭으로 내렸다. 그 전에 금리를 올려놨기 때문에 내릴 수 있는 버퍼(완충장치)가 있었다. 하지만 이때까지만 해도 연준은 물가 안정에 초점을 두며 신중한 통화정책을 펼쳤다.

문제는 그다음 2008년 글로벌 금융위기 이후부터였다. 연준은 위기를 수습하기 위해 재빨리 금리를 내리는 동시에 시중에 유동성을 과감히 공급했다. 2008년 말부터 2010년 초까지 늘어난 미국의 총통화는 약 1조 2,000억 달러였는데 1913년부터 2008년까지 약 100년간 증가한 총통화가 1조 달러였으니 이보다 더 많은 통화가 불과 1년 3개월 만에 풀린 셈이다. 1년 남짓한 이 기간 중 미국의 본원통화는 2배나 늘었고 이렇게 한번 고삐 풀린 통화는 그 이후에도 쭉쭉 늘어났다. 연준의 행보에 뭔가 큰 변화가 생긴 시기였다.

그런데 특이한 점이 있다. 연준은 달러를 새로 찍어 특별히 지정한 24곳의 거대 은행 금고에 넣는 방식으로 통화를 풀었는데 은행 시스템이 보유한 초과 지급준비금이 2008년 금융위기 전

미국의 총통화/GDP 비율

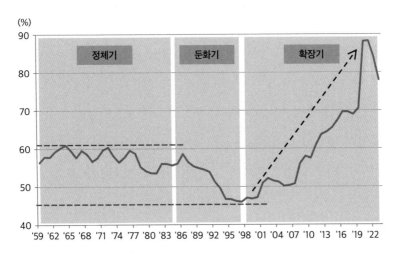

자료: FRB
주: 총통화(M2)를 경제 규모(GDP)로 나눈 것은 시중 유동성이 실물 경제에 비해 얼마나 많이 또는 적게
풀렸는지, 그 추세를 보기 위함

20억 달러에서 2010년 2월에는 약 1조 2,000억 달러로 600배
나 증가했다.[12] 은행 시스템에 천지개벽이 일어난 것이다. 은행에
쌓여 있는 초과 지급준비금은 장기간 초저금리(일부 다른 국가는 마
이너스 기준금리)와 만나 시중 통화량 증가로 이어졌을 뿐만 아니라

---

12 『돈을 찍어내는 제왕, 연준』 크리스토퍼 레너드, 김승진 옮김, 세종서적, 2023년

다양한 인플레 요인들과 만나며 물가를 자극해 왔다. 넓게 보면 연준이 통화를 광적으로 푼 시기는 2000년 닷컴버블 붕괴 이후 최근까지 약 20여 년간으로 볼 수 있는데 그렇게 쌓여온 통화량은 경제와 자산시장 전반에 상당한 영향을 주고 있는 것으로 추정된다.[13]

이렇게 미국의 총통화는 2000년 초 4조 6,000억 달러에서 꾸준히 늘어나 2022년 말에는 21조 달러를 넘어섰다. 세계경제와 금융의 중심지인 미국에서만 지난 20여 년간 달러가 약 5배 풀린 것이다. 문제는 지난 20년간 늘어난 총통화의 무려 3분의 1이 2020년 팬데믹 이후 3년도 채 안 된 시기에 증가했다는 점이다.

이런 현상은 미국에만 국한된 얘기가 아니다. 유로존도 2000년 60.7%에 불과하던 GDP 대비 총통화 비율이 2008년 초까지는 82.3%로 높아졌고 이후 코로나 대유행을 거치면서 2021년 5월에는 123.1%까지 치솟았다. 각국 중앙은행들의 이러한 대담한 행보는 이제 새로운 정상(New Normal, 뉴 노멀)이 되어 버렸다.

---

13 2004년 1.0%였던 연준의 기준금리는 2008년 금융위기 직전 5.25%까지 올랐지만 이후 금융위기 수습 과정에서 연준은 기준금리를 낮췄고 2008년 12월부터 2015년 12월까지 7년여 동안 제로금리를 유지했다. 2000년 초 46%에 불과했던 미국의 GDP 대비 총통화 비율은 2021년 92%까지 거의 쉬지 않고 올랐다. (본문의 GDP 대비 총통화 차트는 매 연도 말 기준이므로 그 고점이 88%로 나옴) 이 기간 중 연준은 저물가에 힘입어 더 많은 통화를 풀 수 있었다. 팬데믹 직전 70%에 머물던 이 비율은 이후 92%에서 피크를 찍고 그나마 지금 소폭 정상화되고 있는 중이다.

연준의 보유자산을 보면 통화 팽창 속도가 더욱 실감난다. 중앙은행이 화폐를 발행해 시중으로부터 자산을 매입하면 중앙은행 보유자산(total assets)이 늘고 그만큼 민간은행 계정에 돈이 불어난다. 그리고 그 돈을 받은 상업은행들은 이를 기반으로 기업이나 가계에 돈을 빌려주는데 그 규모에 따라 신용창출이 일어나 시중 통화량이 결정된다. 이런 과정을 거치면서 통화는 계속 쌓여왔다. 앞으로도 통화량은 경기수축기나 경기확장기 할 것 없이 계속 증가할 것이다. 1945년 이후 미국의 경기불황은 평균 11개월이었고 경기호황은 평균 58.4개월 지속됐다.[14] 중앙은행이 불경기 때 풀어놓은 돈이 기나긴 경기호황기를 거치면서 자가 증식해 시중 유동성이 불어난 셈이다. 2007년 9,000억 달러에 못 미치던 연준의 보유자산은 2014년에는 약 4조 5,000억 달러로 5배 증가했고 (2019년 8월 3조 8,000억 달러로 살짝 낮아지긴 했지만) 팬데믹 동안 계속 늘어 2022년 4월에는 약 9조 달러에 달했다. 최근 4년도 안된 짧은 기간에 연준의 자산은 무려 2.4배나 커졌고 이 중 약 72%가 2020년 3월에서 2022년 3월까지 약 2년 간 증가했다. (2024년 1월 기준 연준의 보유자산은 7조 6,700억 달러로 2022 고점 대

---

14   『주식에 장기투자하라』 제러미 시겔 지음, 이건 옮김, 이레미디어, 2015년

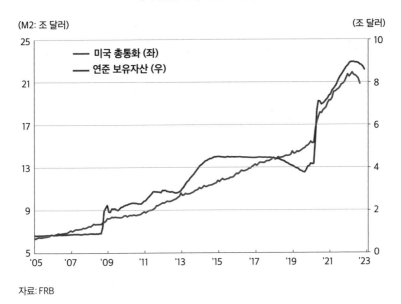

미국 총통화와 연준 보유자산

(M2: 조 달러)　　　　　　　　　　　　　　　　　　　(조 달러)

— 미국 총통화 (좌)
— 연준 보유자산 (우)

자료: FRB

비 1.3조 달러가량 줄기는 했지만 2019년 9월 팬데믹 직전의 최저점에 비해서는 여전히 연준의 자산이 2배가량 폭증한 상태이다.)

　코로나19가 어떻게 각국 중앙은행들로 하여금 이토록 무리한 통화 팽창을 이끌었는지, 그 정당성과 실질적 성과, 그리고 후유증에 대해서는 훗날 두고두고 재평가가 있을 것이다. 아무튼 이 범세계적인 감염병으로 미국이 주도한 통화 팽창은 전 세계로 퍼져나갔다. 질병으로 고통받는 국민에 대한 정부의 역할론이 대규모 통화정책과 재정정책을 이끈 것은 이해되지만, 천문학적인 통화 팽창이 별다른 저항 없이 이토록 신속하게 집행된 점은 매우 의아하다.

더욱 이해가 안되는 부분은 이후 인플레이션의 대규모 엄습을 놓치고 금리 인상 시기 또한 완벽하게 실기(失期)했다는 점이다. 앞서도 계속 다뤘지만 그렇게 많은 돈을 풀어놓고도 인플레이션은 단연코 일시적일 것이라고 판단한 미국 연준 의장과 재무부 장관의 확신은 어디에 근거했던 것인지 궁금하기만 하다.

인플레이션의 폐해

20세기 이후 세계는 총 네 번의 물가 위기를 맞았다. 그 첫 번째는 제1차 세계대전(1914~1918년)으로 촉발된 인플레이션으로 종전(終戰) 직후인 1920년 23.7%(미국 기준, 이하 동일)까지 물가가 치솟았던 사례다. 두 번째 하이퍼 인플레이션 역시 전쟁으로 인한 통화량 증가와 물자 부족, 공급망 차질이 주된 원인이었다. 제2차 세계대전(1939~1945년) 중 급등한 물가는 전쟁이 끝난 다음에도 잡히지 않고 끈질기게 더 올라 1947년 미국 소비자물가 상승률은 19.7%에 달했다.

세 번째 세계 인플레의 큰 산은 석유전쟁이 촉발했다.[15] 1970년대 1차 석유파동(1973년 10월)과 2차 석유파동(1978년 12월~1979년 3월)으로 전 세계는 살인적인 고물가를 경험했다. 미국 소비자물가는 1차 석유파동 전 4%대에서 2차 석유파동 직후인 1980년에는 약 15%까지 올랐다. 1970년대 세계 경제성장률 평균이 4.1%, 우리나라의 경제성장률 평균이 10.5%인 것을 감안하더라도 높은 물가 상승률이다. 1980년대부터 세계물가는 대(大) 안정기를 맞이했다. 물론 1990년 미국 저축대부조합 파산 사태[16]나 2000년 닷컴버블 붕괴, 그리고 2008년 글로벌 금융위기 같은 역대급 사건 직전에도 경기호황과 자산가격 급등으로 물가가 올랐지만 앞선 세 차례의 초(超) 인플레이션과는 비교할 바가 못됐다.

---

15   1차 석유파동은 1973년 10월 6일 시작된 제4차 중동전쟁 발발로 6개의 산유국이 유가를 끌어 올리고 원유 감산에 돌입하면서 발생했다. 유가는 한 달 만에 약 3.9배 폭등했으며, 이로 인해 1973년 상반기 평균 4.8% 수준이었던 미국 소비자물가는 1974년 12월 12.3%까지 급등했다. 이후 1978년에는 이란이 석유수출을 전면 중단하면서 2차 석유파동이 발생했다. 이는 1차 석유파동 때보다 더 극심한 인플레이션을 가져왔으며, 그 여파로 세계경제가 다시 회복되기까지는 오랜 시간이 걸렸다. 1977년 초 4.9%였던 미국 소비자물가는 1980년 14.8%까지 다시 치솟았다.

16   저축대부조합(S&L, Savings and Loan Association) 위기란 1982년 발생해 1989년까지 약 8년간 지속된 미국의 금융위기를 말한다. 금리 상승에 따른 위험관리 실패가 주된 원인이었다. 미국 연준의 금리 인상은 저금리로 단기자금을 조달해 고정금리의 장기 저당 대출로 자금을 운용해 오던 당시 저축대부조합들의 수익성을 급격히 악화시켰다. 당시 미국의 저축은행들은 경영악화를 극복하기 위해 위험자산 투자를 확대했는데 부동산 가격 급락과 주가 하락으로 경영이 더욱 부실해졌다. 미국 금융감독 당국은 초기에 부실저축 기관을 신속히 폐쇄하지 않고 회복을 기다리는 관용 정책을 펼쳤지만, 이는 오히려 저축대부조합들로 하여금 고위험 경영을 추구하게 하면서 위기가 커졌다. 저축대부조합 파산이 늘어나자 1989년 예금보험 기구인 연방저축대부 보험공사(Federal Saving and Loan Insurance Corporation)마저 파산했다.

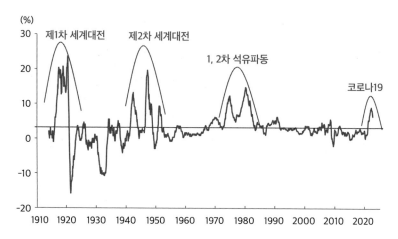

미국 인플레이션 파동

(%)

제1차 세계대전

제2차 세계대전

1, 2차 석유파동

코로나19

1910 1920 1930 1940 1950 1960 1970 1980 1990 2000 2010 2020

자료: 미국노동통계국
주: 미국소비자물가(CPI) 전년동월비

1980년부터 2020년까지의 물가 안정에는 다양한 요인들이 기여했다. 세계 자유무역 질서가 정착됐고 국제 분업 확대로 공산품 가격이 안정된 게 지난 40년간 물가 안정에 일등 공신이었다. 1990년대부터 이미 시작은 됐지만 중국이 세계무역기구(WTO)에 가입하면서 산업화는 더욱 빨라졌고 (중국은 2001년 12월 1일 143번째 WTO 회원으로 정식 가입했다), 값싼 임금으로 생산된 중국의 공산품이 전 세계로 쏟아져 나오면서 세계 물가가 확연히 안정됐다.

아울러 1980년대부터 세계 물가 안정을 도운 다른 요인으로는 기술혁신과 생산성 개선을 꼽지 않을 수 없다. 자동차를 비롯한 많은 제조업 분야에서 혁신적 대량생산, 효율적 재고관리 시스템이 정착됐고 예전보다 에너지를 적게 사용하는 전기전자, 집적회로 등 첨단 산업이 발전했다. 또한 유통구조 혁신과 운송수단의 발달, 물류 효율성 증대도 지난 수십 년간 세계물가 안정에 일조했다. 물가 안정에 필요한 여러 유·무형 기술이 한꺼번에 쏟아진 덕택에 저물가 저금리 시대가 열린 셈이다.

따지고 보면 지난 40년의 기간은 기가 막힌 세계화 과정이었고 국제 분업의 확장기였다. 여러 신흥국들의 산업화와 자유무역 시스템으로의 동참은 미국과 유럽 등 선진국의 소비 확대와 맞물려 그 속도를 더했다.

세계교역은 빠르게 늘어났으며 한국, 중국, 대만과 같은 신흥국 진영과 독일, 일본 등 공업 수출 선진국들은 막대한 무역수지를 거뒀다. 특히 중국의 높은 저축률은 선진국 국채 매수로 이어졌고 이는 선진국 금리안정을 돕는 동시에 세계자본의 선순환을 도왔다. 이와 함께 물가 안정 덕택에 신용(부채)을 잘 관리하고 금융상품에 투자할 수 있는 수단이 다양해지면서 세계 금융시장은 빠르게 발전했다.

예금과 대출, 펀드, 신탁, 보험 등 간접금융 시장은 물론, 각종

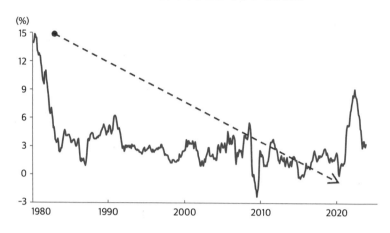

1980년 이후 인플레이션 안정시대와 최근 상황

(%)

자료: 미국노동통계국
주: 미국소비자물가(CPI) 전년동월비

자금시장과 주식, 채권을 중심으로 한 자본시장, 원자재 등 대체시장, 외환시장, 파생시장이 눈부시게 발전했다.

이렇게 몸집이 커진 금융시장은 중앙은행이 공급한 잉여 유동성을 쭉쭉 빨아들였다. 위험자산 가격은 주기적으로 펄펄 끓어올랐고 그 다음 자산 거품이 꺼지면서 실물경기도 식는 등 꼬리(금융)가 몸통(경기)을 흔드는 이른바 '왝더독(Wag the dog)' 현상이 일반화됐다.

이제 궁금한 것은 연준의 통화공급[17]과 은행의 초과 지급준비금, 그리고 경제 주체들의 부채와 인플레이션 간의 관계성이다. 관찰한 바로는 통화량 증가나 초과 지급준비금 증가가 물가를 즉각적으로 자극하지는 않지만 금융 여건이 완화되면 은행은 민간에 대출을 밀어내기 시작하므로 시차를 두고 물가에 영향을 준다. 또 시중 유동자금은 자산 인플레를 통해 전체 물가에 영향을 미친다.

아울러 시차는 있지만 통화 증가 과정에서 지나치게 부풀어 오른 부채는 물가와 금리 상승과 만나 금융 건전성을 위협하는 뇌관이 되기 일쑤다. 중앙은행이 돈을 넉넉하게 풀면 그중 일부는 저축으로 쌓이고, 나머지는 경제 주체들의 부채로 쌓인다. 통화잉여는 소비와 생산부문에 사용되기도 하지만 자본시장의 투기적 영역으로도 흘러 들어간다. 그리고 일부 유동성은 은행 시스템을 통해 대출로 이어지고 이 대출은 민간의 부채계정으로 쌓인다.

국가나 기업이 채권을 찍어 시중 유동성을 흡수할 때 당연히 부채는 더 빠르게 증가한다. 그래서 통화 증가와 함께 그간 경제 주체들의 부채비율은 계속 높아져 왔다. 선진국의 경우 GDP 대

---

17 연준은 통화공급을 늘리기 위해 채권이 거래되는 공개시장(open market)에서 국채를 사들인다. 이때 연준은 국채 매도자 거래은행의 지급준비금 계좌에 대금을 입금하고 이 과정에서 통화가 창출된다. 연준이 통화공급을 줄이는 과정은 이와 반대이다.

비 국가, 기업, 가계의 총부채 비율은 2000년 210%에서 2022년 말에는 267.6%로 높아졌다. 특이한 점은 선진국의 총부채/GDP 비율은 신흥국보다 높기는 하지만, 2010년부터 팬데믹 직전까지 계속 제자리에 머물고 있었던 반면 신흥국의 총부채/GDP 비율은 통계가 처음 집계된 2001년 114%에서 쉬지 않고 올라 2022년 말에는 220%에 달했다는 점이다. 앞으로 금리가 더 오르거나, 금리는 더 오르지 않더라도 높은 수준에 계속 머물거나, 경기침

GDP 대비 총부채 비율 추이

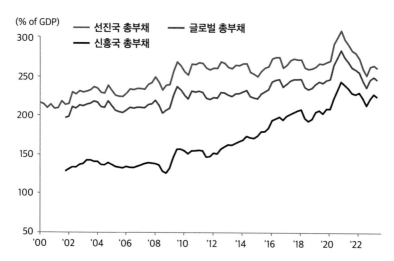

자료: BIS (2023년 말)
주: 부채는 국가, 기업, 가계부채의 합계 기준
　　GDP 대비 총부채(총신용) 비율이 상승해 온 것은 경제성장보다 부채의 증가가 더 가팔랐음을 의미

체가 장기화될 경우엔 부채조정에 어려움을 겪을 게 뻔하다. 참고로 한국의 총부채/GDP 비율은 신흥국(비기축통화국) 평균보다 높고 오히려 기축통화국인 선진국과 비슷한 수준이어서 더 염려가 된다.

케임브리지 대학의 제프리 잉햄(Geoffery Ingham)[18] 교수는 2004년 저서 『돈의 본성』에서 화폐(Money)와 신용(Credit)을 동일시했다. 물론 화폐와 신용(부채)은 법적, 제도적으로 다른 속성을 지니고 있으나 자본주의 경제는 화폐와 신용, 이 둘이 섞여서 굴러가도록 되어 있다. 현실 경제에서는 시중 통화량이 넘쳐날 때 필연적으로 다른 한 계정에서는 신용이 쌓인다. 이때 신용은 이자 부담과 만기상환 부담이라는 법적, 제도적 의무를 채무자에게 부과한다. 신용의 원래 고향은 '과잉 유동성'이므로 언젠가 물가 상승과 만나게 되어있다. 신중하지 못한 속도로 불어난 신용은 물가 상승이나 이자율 상승과 만날 때 상환 위험에 종종 몰린다.

결국 너무 빨리 늘어난 신용은 크고 작은 금융사고를 유발한다. 그리고 금융시장에서의 그런 사건 사고는 최종 대부자인 중

---

18 제프리 잉햄은 케임브리지 대학 사회학과 교수이며, 세계적 화폐 연구 권위자다. 화폐를 경제활동의 중립적 존재로 간주하기보다는 화폐 자체의 본질을 중시했다. 그는 화폐를 물건이 아닌 사람들 사이의 관계에 의해 생겨난 신용이라고 봤다. (『돈의 본성(Nature of Money)』 제프리 잉햄, 홍기빈 옮김, 삼천리, 2011년)

앙은행의 개입을 불러오고 결국 정부부채의 증가로 이어진다. 이렇게 세계경제는 통화량과 신용이 증가하면서 국민경제가 지불해야 할 위험과 부담을 계속 키워왔다. 어찌 보면 인플레이션이라고 하는 경제현상 자체는 원래 죄가 없다. 다만 과도한 인플레이션을 만든 지나친 통화공급과 자산 거품을 유발한 이지머니, 그리고 초저금리가 만든 좀비기업[19], 자원의 비효율적 배분, 수많은 채무자를 도덕적 해이로 몰고 가는 중앙은행과 정부의 잘못된 정책이 문제일 뿐이다.

유동성 팽창과 인플레이션, 금융위기를 연결하는 고리로 우리는 정부부채를 주목하지 않을 수 없다. 정부부채가 앞으로 더 심각한 금융위기의 뇌관이 될 수 있는 이유는 그간 쌓인 정부부채가 중앙은행의 유동성 공급과 양적완화를 더욱 필요로 하고 그럴수록 정부부채는 계속 늘어날 수밖에 없는 구조이기 때문이다. 국가부채와 재정 악화에도 불구하고 지금까지 비교적 잘 버텨온 국가는 일본이다. 일본은 그동안 쌓아놓은 충분한 저축 보유량(대외 순채권국가)으로 자체 국채 발행 증가를 소화해 중앙은행(BOJ)이

---

19 좀비기업이란 회생할 가능성이 없음에도 낮은 금리나 정부 또는 채권단의 지원을 받아 연명하는 기업을 뜻한다. 이러한 지원 과정에서 경제 전반의 효율성이 떨어지고 필요 기업들에게 지원되어야 할 자금이 줄어들게 되어 경제에 악영향을 줄 수 있다.

계속 돈을 찍을 수 있었다. 장기간 낮은 물가도 이에 도움을 줬다.

하지만 일본도 최근 엔화의 절하 압력과 국가부채의 증가, 재정 악화, 채권시장의 왜곡 등 초완화적 통화정책의 한계에 봉착했다.[20] 영국과 유럽연합 등 대부분의 선진국도 정도의 차이는 있지만 부채부담과 재정 악화 측면에서 금융완화 정책의 부작용을 속속 드러내고 있다. 가장 끝까지 정부부채의 나선형 위험을 버텨낼 국가는 미국이다. 왜냐하면 미국은 달러를 찍어낼 수 있는 유일한 국가이기 때문이다.

뒤의 그래프에서 보이는 것처럼 선진국과 신흥국 모두 GDP 대비 정부의 이자지출 비용이 계속 늘어나는 것은 그간 정부부채가 꾸준하게 축적된 결과다. 이는 경우에 따라 앞으로 이러한 정책을 지속하기 어려운 상황이 다가오고 있음을 예고한다. 설혹 기존의 국가부채 쌓기 기조가 유지된다 해도 환율절하 압력이나

---

20   일본중앙은행(BOJ)은 2011년 동일본 대지진 등으로 경제가 어려움에 빠지자 2013년 1월부터 매월 13조 엔 규모의 국채 매입을 실시하고 물가 상승률 목표치를 2%로 상향 조정하는 양적완화 정책을 강화했다. 아베노믹스와 함께 시작된 YCC정책(수익률곡선 제어정책)은 중앙은행이 장기 금리 목표를 달성하기 위해 채권을 매수 또는 매도하는 정책을 말한다. 코로나19 회복 과정에서 물가가 급등하자 미국 등 주요 중앙은행은 금리를 인상했으나, 일본은행은 여전히 완화적 통화정책을 유지하고 있다. 다른 국가보다 낮은 인플레이션으로 여전히 경기 부양의 필요성을 안고 있기 때문이다. 그러나 미국과의 금리 격차가 커지면서 엔화의 평가절하 압력이 확대되자 일본은행은 2022년 12월 국채금리의 변동폭을 기존 +/- 0.25% 정도에서 +/- 0.5% 정도로 확대했다. 이후 2023년 7월, BOJ는 금리 변동폭 상한선을 0.5%로 유지하되 어느 정도 초과 변동을 용인하겠고 밝혔다. 시장은 이를 BOJ가 장기금리 상승을 일부 허용하고 YCC 출구전략을 밟기 시작했다는 신호로 받아들이고 있다.

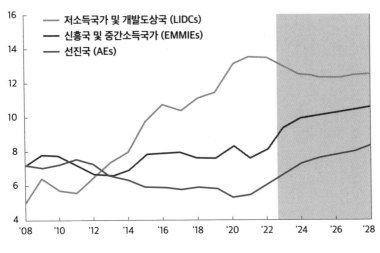

정부 부문의 GDP 대비 이자비용 추이와 전망

저소득국가 및 개발도상국 (LIDCs)
신흥국 및 중간소득국가 (EMMIEs)
선진국 (AEs)

자료: IMF(2023. 10)

경기 둔화, 정부지출의 민간 경제활동 구축효과 등 여러 부작용
이 점점 커질 수 있음을 시사한다. 시장금리가 올라 정부의 이자
지출 비용이 확대된다면 그에 따른 부담은 배증할 것이다. 이에
중앙은행들은 늘어난 국가부채와 이자비용으로 인해 금리 인상
에 소극적일 것인데 이는 인플레이션 압력 증대와 경제의 비효율
증대, 채권시장의 왜곡 등 또 다른 부작용을 낳을 것이다.

미국은 2020년 코로나19 때 3조 1,300억 달러라는 사상 최대
의 재정적자를 기록한 뒤 2023년 회계연도에서도 1조 7,000억 달
러의 재정적자를 기록했다. 참고로 그간 미국 연방정부의 평균 재

미국 정부부채와 기준금리

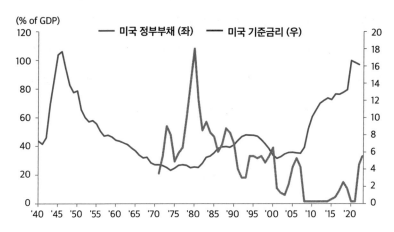

자료: FRB, CBO
주: 상관계수 = - 0.73

정적자 규모는 5,000억 달러 정도였다. 이와 함께 미국 국가부채는 34조 달러로 최근 10년간 두 배로 불어났다. 미국 연방 정부부채가 계속 늘어난다면 연준은 금리 인상에 보수적인 스탠스를 취할 것이다. 정부부채 증가로 이자비용이 급증하고 있는 상황에서 연준은 물가가 조금만 잡혀도 기다렸다는 듯 금리를 인하할 것이다.

미국 의회예산국(CBO)에 따르면 미국의 GDP 대비 정부부채 비율은 2023년 98%에서 2033년 115%, 2043년 144%로 높아지고, 같은 기간 GDP 대비 재정수지는 2023년 5.8%에서 2033년 6.4%, 2043년에는 8.1%로 적자 비율이 점점 커질 것으로 예상된다. 그

것도 금리가 크게 오르지 않는다는 가정하에서의 전망이다. 중앙
은행의 본원통화 발행과 이를 기반으로 한 민간은행의 신용화폐
증대에 민간기업과 가계의 부채가 계속 증가하고 다른 한 쪽에서
는 정부부채와 재정적자가 계속 늘어난다면 이는 결국 총체적인
시중 유동성 팽창과 더욱 더 부채에 의존적이고 종속적인 경제체
제로의 이행을 뜻한다.

사실 정부와 연준의 이러한 밀월 관계는 내부거래에 가깝다.
정부와 연준의 부채&자산 관계는 합법적이고 제도적이며 지속

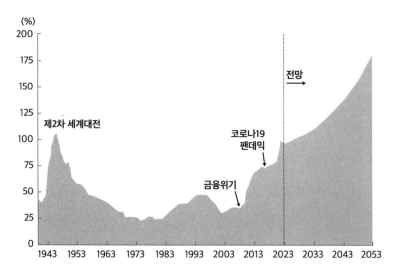

미국 정부부채/GDP 비율과 예측치

자료: CBO(2023.06)

적이다. 하지만 미국도 결정적 약점을 갖고 있다. 즉, 연준이 기준 금리를 되도록 낮게 유지하려고 노력할수록 길게 보면 인플레이션 압력이 높아질 것이다. 그럼에도 불구하고 미국에게는 최후의 숨겨진 무기가 있는데 바로 기축통화국의 절대 지위다. 미국이 인플레이션을 낮추기 위해 금리를 올리고, 그로 인해 달러가 강세를 보이면 미국은 자연스럽게 환율 경로를 통해 주변국으로 자국의 인플레이션을 내보낼 수 있다. 달러패권이 그저 부러울 뿐이다.

끝으로 부언하고 싶은 것은 유동성과 부채 증가가 생산성을 어떻게 변화시켜 왔느냐 하는 것이다. 1980년 이후 약 30년간 미국의 생산성은 꾸준히 개선되어 왔다. 하지만 미국정부가 민간을 대신해 보다 적극적으로 부채를 늘리고 연준이 통화 팽창의 가속 페달을 밟기 시작한 2011년 이후로는 미국기업의 생산성도 정체를 보이고 있다. 과잉 유동성 공급과 초저금리 정책은 자본주의 경제의 창조적 파괴와 혁신을 저해하고 생산성을 떨어뜨려 경제의 비효율성을 키운다.[21]

---

21 생산성 저하 이면에 좀비기업이 있었다는 연구 결과가 많다. 국제결제은행(BIS)의 통화경제국장 보리오(Borio)는 저금리가 투자 부진과 생산성 저하로 이어진다는 사실을 규명하면서 좀비기업 점유율과 정책 금리 하락 사이의 밀접한 상관관계를 발견했다. 즉, 저금리는 좀비를 낳고 좀비는 저금리를 낳는다는 것이다. (출처: 『금리의 역습』 에드워드 챈슬러, 임상훈 옮김, 위즈덤하우스, 2023년. 자료: Claudio Borio, A Blind Spot in Today's Macroeconomics? BIS Speech: 1 Oct. 2018)

생산성이 개선되지 않은 채 과잉 통화가 뿌려지고 여기에 정부부채가 더해지면 당장은 별 문제가 없을 수 있지만 장기화됐을 때 점점 인플레이션이란 이름의 세금이 커져 기업의 실질이윤과 가계의 실질소득이 줄어든다. 만약 생산성은 개선되지 않고 부채만 계속 불어난다면 인플레이션은 더욱 통제되지 않을 것이다. 낮은 생산성과 경기침체가 만나면 부채의 불확실성은 더욱 커지고 대다수 기업의 이윤은 줄어들게 된다. 이윤 감소는 세수 부족으로 이어져 국가부채 관리는 더욱 어려워질 것이다.

미국 연방 정부부채와 생산성 추이

자료: Fed
주: 미국 제조업 노동생산성은 2012년 = 100 기준

제1부 • 유동성 포퓰리즘 어디까지 왔나?

유동성 도취 국면으로

지금까지 세계통화 증가와 인플레이션, 그리고 연준을 비롯한 세계 중앙은행들이 유동성을 대하는 태도에 대해 살펴봤다. 요컨대 이 달콤한 유동성 포퓰리즘은 오랜 기간 경제 시스템 곳곳에 스며들어 왔고 모든 경제 주체들은 이미 유동성 환경에 익숙해져 있으며 부채에 꽁꽁 묶여버렸다.

각국 중앙은행들은 보다 시장 친화적이고 정치 우호적으로 변해가고 있는 것 같다. 특히 2000년 이후 최근 20여 년간 진행된 경이적인 통화 팽창은 코로나19 팬데믹을 거치면서 다시 한 번 광적으로 늘어나 전 세계를 새로운 차원의 유동성 도취 국면으로 이끌었다.

코로나19는 중앙은행과 행정부를 보다 끈끈한 동맹관계로 만드는 데 일조했다. 팬데믹 기간 중 대다수 정부의 재정수지 적자 폭은 더 커졌고 국가부채는 늘어났다. 팬데믹 과정에서 앞다퉈 집행된 막대한 재정지출은 지금 엔데믹 시대에 국채 발행 증가로 계속 이어지고 있다. 원래 정치인들은 상황을 꿰어 맞춰 경제원리에 맞지 않는 해괴한 논리와 그럴싸한 구실을 찾아내는 데 선수다. 코로나19가 본격적으로 들이닥친 2020년 5월, 당시 도널드 트럼프 미국 대통령은 '마이너스 금리를 채택해야 한다'고 주장하면서 미국도 마이너스 금리를 선물(gift)로 받아들여야 한다고 말했다. 중앙은행 인사들과 시장 참여자들도 맞장구를 쳤다.

중앙은행들은 1980년 이후 인플레이션이 계속 퇴조해 왔기에 자신들의 대표 책무인 화폐가치 안정에 대한 경각심이 많이 줄어든 상태였다. 여기에 코로나19가 터지자 중앙은행들은 뒷일을 크게 생각할 겨를도 없이 재난 극복이라는 발등의 불을 끄려는 사명감에 충실했다. 하기야 1980년 15%에 달했던 미국 소비자물가는 2008년 금융위기 이후 4%를 넘은 적이 없었고, 2008년부터 코로나19 직전인 2019년까지 12년간 평균 물가 상승률은 1.8%에 불과했다. 뿐만 아니라 팬데믹 초기인 2020년 5월에는 물가가 0.2%까지 떨어졌으니 그들의 머리에는 고물가 시대가 다시 도래할 것이란 생각이 아예 없었던 것 같다.

2021년 7월 의회 증언에 나온 제롬 파월 연준 의장은 '인플레이션은 일시적(transitory)일 것'이라고 힘주어 말했다. 물가 상승률이 조금 높은 것은 사실이지만 연준은 이를 일시적 현상이라고 봤고 따라서 통화정책을 계속 완화적인 자세로 끌고 갈 것임을 재확인했다. 그는 또 물가 상승은 몇몇 제한된 요인에 따른 것이므로 연준이 자산을 시장에서 직접 매입하는 양적완화(QE) 정책과 낮은 기준금리 레벨을 고수하는 지금(2021년 중반)의 정책을 미리 긴축 기조로 바꾸는 것은 너무 늦게 긴축으로 전환하는 것보다 위험성이 크다고 평가했다. 이렇듯 미국의 통화당국 수장조차 인플레는 일시적이고 금리 인상은 불필요한 조치라고 잘라 말했으니 말 다했다.

엔드류 베일리 영란은행(BOE) 총재도 비슷한 시기에 이미 마이너스 금리를 채택한 스위스, 덴마크 등 유럽의 몇몇 국가를 부러워하듯 '마이너스 금리를 배제하는 것은 바보짓이다'라고까지 말했다. 나라야나 코처라코타 전 미니애폴리스 연방은행 총재나 프랑스와 빌루아 드 갈로 프랑스 중앙은행 총재도 마이너스 금리의 부작용을 살짝 경계하면서도 그 유익성을 한껏 칭송했다. 이처럼 많은 중앙은행 인사들이 마이너스 금리정책 또는 초완화적 통화정책을 하늘이 준 공짜 선물이라고 본 배경에는 물가 안정에 대한 확고한 믿음이 있었다. 즉 물가가 안정되는 한 초저금리를 통한 금융시장 안정과 경기 부양을 마다할 이유가 전혀 없다는 것이다.

하지만 미국 소비자물가는 많은 중앙은행 인사들이 앞다퉈 제로금리를 추앙하던 2021년 6월 전년 동월대비 5.4%(2021년 7월 발표된 수치)의 상승에서 2022년 6월에는 9.1%까지 급등했다. 불과 1년 전 인플레가 일시적이라고 말했던 제롬 파월 의장의 말은 무색해졌고 2022년 연준 의장과 재닛 옐런 재무장관 등 주요 인사들은 물가 상승이 일시적이라는 자신들의 판단이 중대한 실수

였음을 인정했다. 이러한 물가 상승이 러시아·우크라이나 전쟁 때문만은 아닌 이유는 전쟁 발발(2022년 2월 24일) 직전 2022년 2월 이미 미국 소비자물가 상승률은 8.0%에 달했고 2022년 6월 9.1%를 피크로 이후 계속 안정됐기 때문이다.

돌이켜 보면 연준을 비롯한 대다수 중앙은행들은 금리 인상에 늑장을 부렸고, 지각 긴축은 곧 과속 긴축으로 이어졌다. 연준이 기준금리를 처음 올린 2022년 3월 미국의 소비자물가 상승률은 이미 8.5%에 달했고 양적긴축(QT)을 시작했던 2022년 6월에 물가는 9.1%로 근래 가장 높은 수준이었다. 코로나19 직후 0.25%까지 낮아졌던 미국의 기준금리는 총 11차례 525bp(5.25%포인트) 인상됐고 2024년 1월 말 기준 5.25~5.50%를 기록 중이다.

각국 중앙은행들은 그동안 금리인하와 함께 시장에서 자산을 직접 매입하는 통화량 공급정책도 꽤 즐겨썼다. 2008년 글로벌 금융위기 때는 미국 연방준비제도와 유럽중앙은행(ECB)이 양적완화(QE)를 단행했고 2013년 4월부터는 일본중앙은행(BOJ)이 아베노믹스 정책[22] 아래 최근까지 자산매입을 지속하고 있다. 이렇듯 경제위기 상황은 그간 중앙은행들의 완화적 정책을 촉발하는 멍석을 깔아줬다.

이러한 시중 유동성 공급정책은 선진국들의 전유물이 아니다. 자본시장의 발전 정도가 낮은 신흥국들도 덩달아 최근 양적완화를 시행해 왔는데 아시아에서는 인도, 인도네시아, 태국 중앙은행 등이 국채매입을 단행했고 유럽에서는 튀르키예, 폴란드, 체코 등이 양적완화를 시행했다. 이렇듯 중앙은행의 자산매입은 어느덧 글로벌 표준이 되었다. 양적완화의 끝판왕인 일본중앙은행(BOJ)은 아베노믹스가 개시된 2013년부터 2022년까지 통화량과 국채 보유량을 둘 다 5배나 늘렸다. 이에 따라 일본 중앙은행 자산에서 자국 국채가 차지하는 비중은 2011년 41.1%에서 2022년 78.4%로 증가했다.[22]

이처럼 중앙은행이 국채나 기타 유가증권의 매입 또는 매도를 통해 금융기관과 민간의 유동성을 조절하는 이른바 공개시장조작(Open Market Operation) 정책은 지급준비율 정책이나 단기시장 금리조절 정책보다 효율적이고 신축적인 정책으로 알려져 있다. 중앙은행이 매매하는 유가증권의 대상은 주로 국채지만 기타 정부증권이나 회사채, 모기지증권, 은행인수 어음 및 금이나 외국환 등이 될 수도 있다. 일본중앙은행의 경우 그간 대출채권과 ETF도

---

22 아베노믹스는 2012년 12월 취임한 아베 신조(安倍晉三) 전 일본총리가 일본의 구조적인 디플레이션을 탈피하기 위해 추진한 경제정책이다. 첫째는 무제한 양적완화를 중심으로 한 대담한 통화정책이고 둘째는 정부의 기민한 재정지출 확대, 그리고 셋째는 규제개혁과 전략 산업 육성, 민간 투자 촉진을 유도하는 공격적인 성장정책을 주 내용으로 하고 있다. 아베노믹스의 핵심 기관은 유동성을 공급하는 일본중앙은행(BOJ)이다. 최근 이 정책에 대한 평가는 엇갈리고 있으며 기시다 후미오 신임 총리는 성장과 분배의 선순환 정책으로 아베노믹스를 계승하고 있다.

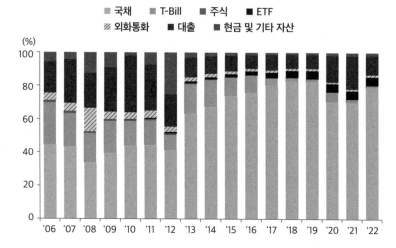

일본중앙은행(BOJ)의 자산비중

■ 국채　■ T-Bill　■ 주식　■ ETF
▨ 외화통화　■ 대출　■ 현금 및 기타 자산

(%)

100

80

60

40

20

0

'06 '07 '08 '09 '10 '11 '12 '13 '14 '15 '16 '17 '18 '19 '20 '21 '22

자료: BOJ

매입했다. 하지만 중앙은행이 발권력을 동원해 특정 유가증권의
가격을 조정하고 금융기관을 구제(bail out)하는 정책은 자칫 시장
을 크게 왜곡하거나 정책의 임의성이 커져 부작용을 낳을 수 있
다. 또한 시중 통화량이 조절되면 자산시장이 먼저 영향을 받아
자산가격은 과열되는데 반해, 실물경기 회복은 더딜 수 있다. 이
런 사이에 아직은 소수에 불과하지만 정부가 유동성 조절에 보다
앞장서고 중앙은행의 역할을 대신해야 한다는 의견도 있다. 행정
부를 중심으로 한 경기와 유동성 조절 정책인 이른바 현대통화이
론(MMT)이 최근 다시 재조명되는 이유다.

토막코너

현대통화이론(Modern Monetary Theory)은 경기 부양을 위해 정부가 화폐를 계속 발행해도 된다는 주장을 중심으로 하고 있다. 경기 부양에 필요한 정책을 펼침에 있어 돈이 부족하면 일단 화폐를 발행하고, 인플레이션이 우려될 경우 세금을 올려서 화폐를 거두어들임으로써 물가를 잡을 수 있다는 이론이다. 주류 경제학이 화폐를 가치교환의 효율화를 위해 도입한 수단으로 보는 데 반해, 현대통화이론은 정부가 조세를 거두기 위해 발행한 수단으로 보고 적자재정을 편성해 완전고용을 달성해야 한다고 주장한다. 1970년대 미국 이코노미스트 워런 모슬러가 발전시킨 이론으로 당시 학계에서는 인정받지 못했으나 코로나19 발생 이후 여러 국가에서 경기가 회복될 때까지 계속 화폐를 발행하고 무제한 양적완화를 실시하자 새삼 다시 부각됐다. 주류 경제학에서는 화폐를 대량으로 찍어 재정적자를 키우면 급격한 물가 상승을 유발할 수 있다고 보기 때문에 현대통화이론을 비판한다.

기존 주류 경제학과 현대통화이론 비교

구분	기존 주류 경제학	현대통화이론
발권주체	중앙은행	정부
재원조달	세금징수, 국채 발행	정부의 무제한 발권력
세금	정부 재원조달 수단	민간 유동성 흡수 수단
재정적자	정부 신뢰 상실, 인플레 유발	재정적자 필수
완전고용	통화정책으로 달성	재정정책으로 달성

참고 자료: 『균형재정이론은 틀렸다』 L 랜덜 레이, 책담, 2017년

반복되는 통화량 증가와 신용팽창의 부작용은 각국 경제에 경고음을 계속 울리고 있는데, 그 뒷감당과 책임은 사실 모호하다. 또 막상 금융시장에 무슨 일이 터지면 유일한 위기 대응책은 또다시 돈을 풀고 세금을 더 거두는 일뿐이다. 자신의 임기 중에 경

기 후퇴를 반길 정치인이나 행정부 책임자는 세상에 없을 것이다. 유동성 환경을 옛날로 되돌리는 정책은 이론적으로도 설득력이 약하고 당장 경제 주체들의 고통도 심하기 때문에 그 누구도 주장하기 어렵다. 오히려 기업과 가계에게 더 많은 부채를 끌어쓰라고 유혹하는 정부정책이 인기를 얻는다. 그러는 사이에 경제와 사회도 예전보다 복잡해져 있고 이해관계자들 간 충돌도 심해졌다. 어쩌면 중앙은행의 힘만으로는 물가에 대한 근본적인 대응이 어려운 상황으로 가고 있는지도 모른다.[23]

2000년 이후 각국의 중앙은행들은 물가 안정과 경기 부양이라는 두 마리 토끼를 모두 잡기 위해 부단히 애써왔다. 그 과정에서 중앙은행들의 행보는 점점 더 대담해졌고 지금은 그 대담한 정책의 부작용에 대해서도 조금씩 고민하는 것 같다. 모두가 기대하고 바라는 것은 중앙은행이 돈을 넉넉하게 풀되 경제의 어떤 부분도 크게 고장 나지 않고 잘 지내는 것이지만, 인플레이션 압력은 분명히 커져 있으며 소득분배는 나빠졌고 폭증한 부채로 인

---

23 인플레이션에 대응하기 위해서는 사회와 정치가 나서 제도를 개편할 필요가 있다고 말하는 이들도 있다. 일부 학자들은 기존의 금융 시스템과 소득의 불평등한 구조가 물가에 지대한 영향을 미치고 있기 때문에 국제 금융 시스템을 개혁해 원자재 가격을 안정시키고, 부의 재분배와 임대료 통제 등 사회개혁을 통해 불평등을 해소해야만 인플레이션의 원천을 잡을 수 있다고 주장한다. (「경제와 사회」 2022년 겨울호, '글로벌 인플레이션과 제국주의', 김종철, 서강대학교 출판)

해 경제의 비효율과 금융시장의 잠재적 위험은 높아져 있다.

통화정책은 원래 재정정책에 비해 의사결정 과정과 절차가 간단한 편이다. 돈을 좀 더 쉽게 풀 수 있는 창의적인 통화정책이 언제, 어디서 또 나올지는 아무도 모른다. 즉, 세계적 유동성 포퓰리즘의 끝이 어디인지는 그 누구도 알 수 없다는 뜻이다.

M o n e y   S t o r m

제2부

유동성과 세계경제
프레임의 변화

제2부에서는 제1부에서 다룬 과잉통화발(發) 인플레이션 환경이 여러 다른 요소들과 만나 세상을 어떻게 바꿀지에 대해 살펴보려고 한다.

인플레이션 인자들은 마치 바이러스와 같아서 여러 경제 숙주에 기생해 증식하고 새로운 변이를 만들어 낼 뿐만 아니라 인플레이션 인자들끼리 서로 결합해 예상하지 못한 경제현상을 연출할 수 있다.

제2부에서는 이미 증폭된 통화가 앞으로 진행될 분업질서의 변화나 환율패권 변화, 또는 기후변화, 인구구조 변화 등과 만나 물가에 어떤 영향을 주고, 경제와 투자 환경을 어떻게 변화시킬지에 대해 알아보려고 한다. 앞으로 더 뚜렷해질 세계경제의 프레임 변화들을 인플레이션이라고 하는 창을 통해 조망해 본다면 그 과정에서 자연스럽게 여러 투자 기회와 위험을 발견할 수 있지 않을까 기대된다.

저금리 시대의 종언

1980년부터 지금까지 40여 년간 물가와 금리를 안정시켰던 가장 큰 요인은 무엇일까? 앞서도 잠깐 다뤘지만 신흥국의 값싼 노동력 투입에 따른 세계 공산품 가격의 안정, 전 세계 자유무역 확대와 관세 인하, 그에 따른 각국의 수입물가 안정, 아마존 효과[24]로 불리는 소비재 전반의 유통혁신, 미 셰일오일 양산 등이 그 요

---

24 전 세계 1위 전자상거래 업체인 아마존(Amazon)과 같은 쇼핑 사이트가 등장하면서 생산자와 소비자가 직접 연결되어 중간 유통 비용이 혁신적으로 절감되는 효과를 말한다. 온라인 상거래가 활성화되고 새로운 유통 생태계가 정착되면서 소비자들은 보다 저렴하게 물건을 살 수 있게 됐고 이는 2000년 이후 각국의 물가 안정에 기여했다.

인들이었다. 더불어 정보통신 기술이나 소프트웨어 산업의 발달, 금융 산업 등 석유를 적게 쓰는 기술과 지식 집약적인 산업의 발전도 세계 물가 안정에 기여했다. 또한 물류 산업의 효율 개선과 자동차, 항공기, 선박 등 여러 운송 수단의 연비 개선도 세계물가를 낮추는 데 일조해 왔다.

하지만 그간 물가 안정에 기여했던 이러한 요인들의 영향력이 최근 빠르게 줄어들고 있다. 신흥국 임금은 계속 오르고 있고, 전자상거래 확대에 따른 유통 비용 안정은 거의 한계에 달한데다 오히려 역(逆) 아마존 효과마저 일어나고 있다.

역 아마존 효과란 전자상거래 확대가 오히려 물가를 자극하는 역효과를 말한다. 온라인 플랫폼들은 시장 점유율을 높이기 위해 앱(app)을 만들고 자본을 크게 투자한다. 초기에는 소비자에게 수수료를 조금만 받지만 시장을 선점한 다음에는 수수료를 점점 올려 받거나 프리미엄 회원 가입비를 받고 무료배송을 유료로 전환하는 등 소비자들에게 비용을 전가하는 행태를 보인다. 최근 배달비를 올려 받는 우리나라 음식 배달 플랫폼들이 역 아마존 효과의 대표적인 사례다. 또 지금은 모든 제품의 전자상거래 비중이 충분히 높아져 물가가 추가로 안정되는 효과를 기대하기는 어렵다.

자유무역 확대와 관세 인하로 인한 물가 안정도 지금은 거꾸로 가고 있다. 미국은 2019년 9월부터 약 3,000억 달러의 중국 수입액에 10% 관세를 추가로 부과해 총 20%의 관세를 물리기 시작했다. 물론 미국의 대중국 관세율 인상은 수입선 다변화나 중국의 선제적 수출가격 인하 등으로 물가에 모두 전이되는 것은 아니지만 그렇다고 물가에 유리한 요인도 아니다.

중국을 대체할 다품종 대량생산 국가가 아직 마땅히 없다는 점도 시간이 갈수록 세계 물가에 부담이 되는 요인이다.[25] 중국은 이제 인건비 상승과 미국의 관세율 부과, 미중 무역마찰로 인해 세계물가를 안정시킬 힘을 점점 잃고 있다. 물론 단기간 내 일어날 일은 아니지만 지난 수십 년간 전 세계 물가 안정에 기여해 온 중국이 이제는 오히려 인플레이션을 유발하는 국가로 서서히 바뀌고 있음을 주목하지 않을 수 없다.

지금까지 그래왔듯이 앞으로도 물가는 경기 순환 요인과 복잡한 여러 구조적 요인들이 서로 뒤엉켜 영향을 주고받음에 의해 오르내릴 것이다. 순환적 요인이라 함은 경기의 강약에 따른 물

---

25 중국을 대체할 제조업 생산 국가로 인도, 베트남 등이 있지만 아직 중국과 견주기에는 양과 질적인 측면에서 모두 약하다. 중국은 규모의 경제를 갖춘 다품종 대량 제조 설비를 운영하고 있다. 그리고 중국에는 정확한 국제 규격과 납기를 지킬 수 있는 가성비 높은 생산 설비가 많다. 임금이 오르고 노동력 공급에 어려움이 있지만 그래도 중국에는 아직 숙련된 노동자와 내륙의 공장부지도 많아 글로벌 생산기지로써의 위상을 당분간 유지할 것이다. 다만 예전에 비해서는 중국의 생산원가가 올라갈 것임을 부정하기 어렵다.

가 변동을 뜻한다. 경기가 과열되면 국민경제에서 총수요(소비, 투자, 재정지출, 수출)가 총공급을 웃돌기 때문에 수요초과 인플레이션(demand-pull inflation)이 발생한다. 이때 수요 요인과는 별개로 생산비용에 직접 영향을 주는 공급 요인으로는 물가가 오르는 비용인상 인플레이션(cost-push inflation)이 있다. 산유국의 원유 감산과 같은 일시적 비용 인플레 요인도 있지만 세계경제 기저에 자리잡은 묵직하고 구조적인 비용 인플레이션 요인도 있는데 지금 지구촌에는 이러한 뿌리 깊은 인플레이션 요인들이 계속해서 커지는 추세다.

이들 구조적 인플레 요인으로는 앞선 제1부에서 다룬 가파른 통화 증가와 제2부에서 살펴볼 탈(脫)세계화로 인한 여러 분야의 공급망 차질, 원자재 가격 상승이나 유통 및 운송 비용 상승, 각국의 리쇼어링[26]으로 인한 원가 상승, 그린 에너지 대체 비용 상승과 생산인력 감소에 따른 인건비 상승 등을 들 수 있다.

물론 물가 안정에 기여하는 구조적 요인들도 있기에 우리는

---

26 리쇼어링(reshoring)이란 해외에 진출했던 생산시설이 다시 자국으로 돌아오는 현상을 말한다. 코로나19 당시 글로벌 공급망의 취약성이 크게 부각된 가운데, G2의 경쟁 이슈로 미국기업들의 리쇼어링 전략이 강화되고 있다. 바이든 행정부는 전략 산업의 공급망 구축을 위해 반도체 지원법(CHIPS Act)과 인플레이션 감축법(Inflation Reduction Act, IRA)에 근거한 기업들의 미국 환류를 적극 유도하고 있다. 이들 법안은 반도체, 전기차 등의 생산 시설에 투자하는 기업들에게 세금과 보조금 혜택을 제공함으로써 미국 중심의 제조업 생태계를 재구축한다는 의미를 갖고 있다.

균형감을 갖고 경제를 봐야 한다. 각종 신재생 에너지 사용 확대나 기술혁신에 따른 원가 절감, 인공지능과 로봇, 자동화 기술에 힘입은 인건비 절감, 고령화로 인한 각국의 잠재성장률 둔화, 특히 중국의 중저(中低) 성장과 그로 인한 에너지 수요 감소 등은 물가 안정을 돕는 구조적 요인들이다. 다만 이들을 종합해서 볼 때, 아직은 물가에 부담을 주는 요인들이 물가 안정을 돕는 구조적 요인들에 비해 좀 더 우세해 보인다.

다행히 시간이 지나면 생산성 혁신이 각종 공급망 교란이나

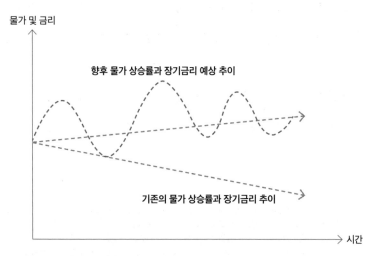

물가와 금리 흐름 전망 개념도

주: 본서에서 주장하는 향후 물가와 금리 추이에 대한 개념을 그림을 표시한 것임
경기순환에 따라 파동은 있으나 물가 추세는 예전과 달리 완만한 우상향 또는 횡보 예상

탈세계화에서 비롯되는 여러 부작용들을 완벽히 제압하는 날이 올 것이다. 당장은 아니다. 아직은 구조적인 인플레이션 요인이 디플레 요인보다 강해 물가에 부담을 주기 쉽다고 판단된다.

따라서 앞으로 경기 호황기에는 수요 견인 요인에 구조적 요인까지 겹쳐 물가가 예전보다 좀 더 가파르게 오르고, 경기 둔화기에는 구조적 요인들이 계속 남아 있어 수요 위축에도 불구하고 물가가 적게 떨어질 것으로 보인다. 결국 앞으로 물가는 경기에 따라 변동하되 예전보다 다소 높은 영역대에서 횡보하거나 우상향하는 추세를 보일 것으로 예상된다.

채권시장과 금리의 상관관계

이상의 물가 상승 요인과는 별개로 채권시장 내부의 금리 상승 요인도 있다. 원래 채권시장에서 장기이자율은 기준금리 변경과 기대인플레이션 등 단기금리 변화와 채권 수급 여건, 인플레이션 위험 프리미엄 등 기간 프리미엄에 의해 결정된다. 이 중에서도 채권 수급은 앞으로 장기이자율 결정에 보다 큰 비중을 차지할 것으로 보인다. 앞서도 다뤘지만 코로나19 이후 많은 국가들의 재정은 악화일로여서 각국의 국채 발행 물량은 계속 늘어날 전망이다. 이전부터 국가부채는 증가해 왔는데 여기에 코로나 19로 인한 보건방역 지출과 민간에 대한 직접 보조금 지원까지 크게 늘었기 때문이다. 미국정부의 가계 집중 지원[27]도 예외는 아니었다. 국채 발행 증가는 금리 상승을 가져올 수밖에 없는데 이는 정부 재정에서 더 많은 이자비용 지출을 유도하고, 그 비용을 충당하기 위해 정부는 더 많은 적자 국채를 찍어내야 하기 때문이다.

이미 미국과 일본, 일부 유럽 국가가 이러한 나선형 재정위험[28]에 빠졌고 다수의 신흥국들도 과도한 정부부채로 인해 이 같은 함정에 빠져들고 있다. (국채금리가 오르면 국가신용이 낮고 환율 변동에 취약한 신흥국들이 선진국보다 재정 위험에 더 취약할 수 있다.) 미국국채를 사줄 주요 교역국들의 경상수지 흑자규모가 계속 줄어드는 것도 미

---

27 2020년 3월, 코로나19가 본격 확산되자 전 세계 정부는 가계와 기업을 지원하는 재정지출을 늘렸다. 미 연방정부도 가계 및 경기 부양을 위해 다양한 지원책을 시행했다. 백신 개발 및 치료비 지원, 저소득층 및 실업급여 지원, 긴급 대출 프로그램, 가계 현금 지급, 임대로 지원, 소기업 지원 등 여러 경기 부양책이 시행됐다. 정부의 신속한 지원 덕분에 경기는 빠르게 회복됐으나, 이 과정에서 가계에 초과저축이 쌓이게 됐고 이는 이후 폭발적인 소비로 이어져 인플레이션을 자극하는 요인이 됐다. 미국 연방정부는 총 6차례 코로나 재정부양책을 실시했는데 직접 현금 지급과 실업수당 확대 연장 등 재난 지원금 성격의 가계 지원 프로그램은 3차 2.2조 달러, 5차 9,000억 달러, 6차 1.9조 달러 규모에 달했다.

28 나선형 재정위험(spiral fiscal risk)은 국채 발행이 증가하면 국가 빚이 더 늘어날 뿐만 아니라 국채 공급 증가에 따른 이자율도 상승해 더 많은 국채이자 지출을 불가피하게 만드는 위험을 말한다. 이자지급을 위해 더 많은 국채를 발행해야 하고 국가부채가 불어남으로써 이자비용 증가, 재정 악화, 금리 상승, 다시 국가부채 증가라는 악순환의 함정에서 빠져나오지 못하는 상황을 말한다.

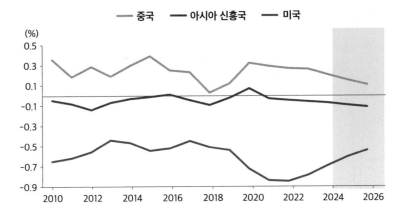

각국 경상수지/세계 GDP 비율

—— 중국 —— 아시아 신흥국 —— 미국

자료: IMF
주: 음영은 2024년 및 2025년 전망

국채금리에 부담 요인이다. 미국의 리쇼어링 정책 강화는 미국의 무역수지 적자는 줄고 그간 대미 교역에서 흑자가 발행했던 국가의 무역수지 흑자규모는 줄어들 것임을 시사한다.

물론 금리안정 요인도 있다. 지난 수십 년간 금리 하락의 주요인으로 꼽혀 온 글로벌 과잉저축[29]과 구조적 장기침체(secular

---

29 글로벌 과잉저축(global savings glut)은 전 연준 의장이었던 벤 버냉키 의장이 주장한 금리안정 요인이었다. 그는 중국과 선진국 모두 저축은 늘고 투자수요는 줄어 전 세계에 만성적인 자금 잉여가 존재했고 이로 인해 장기간 전 세계 금리가 떨어져 왔다고 분석했다.

미 연방정부 재정적자 비율 (GDP 대비)

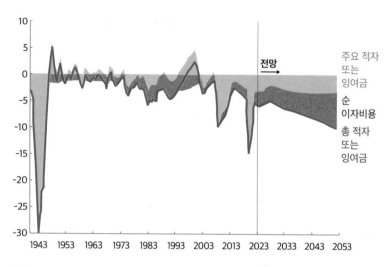

자료: CBO(2023.6)
주: 2053년에는 미국 재정적자에서만 GDP의 6.7%로 이자지급 비중이 커질 전망

stagnation) 가능성이 그것이다. 앞으로도 전 세계에 저축은 남고 자본 수요는 줄어든다면 금리는 하향 안정세를 보일 수 있다. 아울러 가끔씩 터지는 금융위기는 은행들로 하여금 더욱 엄격한 방향으로 신용(부채) 관리를 유도하고 모험적인 투자를 줄이거나 안정성 있는 투자에 한정시킴으로써 자본 수요가 더 줄도록 만들 수 있다.

하지만 중국 등 과잉저축 국가가 무조건 모든 분야에서 자본 투자를 줄이고, 선진국 시민이 모두 노후 대비를 위해 저축을 늘리는 것은 아니다. 또 저개발국가 중 '경제하려는 의지'가 있는 일부 국가의 자본 수요는 증가할 것이다. 또한 지금 세계경제의 생산성과 혁신성도 나름 살아나고 있다. 투자의 편중성은 존재할지 모르나 세계 전체로 봤을 때 자본투자 수요가 계속 줄어든다고만 보기는 어렵다.

금리인하기에 오히려 빈번한 위험에 주의하라

저금리 시대가 저물고 시장 이자율이 쉽게 오른다면 우리는 예전보다 더 많은 금융 스트레스에 노출될 것이다. 지금까지도 금리 상승의 끝자락에서는 자산시장의 약한 고리나 금융시장의 숨겨진 위험들이 표출되곤 했는데 앞으로는 이런 종류의 위험이 더 빈번하게 나타날 수 있다.

1970년 이후 연준의 금리 인상 종료부터 경기침체 시작시점까지의 평균 시차는 2년 정도였다. 그리고 금리 인상 후 맞이한 경기침체의 주 원인은 보통 금리 인상에 따른 신용경색과 과열된 자산시장의 거품 붕괴에 있었다. 전 세계적으로 이자율이 오를 때 역사에 기록될 만한 역대급 사건도 있었다. 1990년대 일본의 부동산 및 증시거품 붕괴와 1991년 말 구소련 체제의 붕괴,

1997년부터 도미노식으로 번진 동아시아 외환위기와 러시아 모라토리엄, 그리고 2008년 미국 투자은행 리먼브라더스의 파산[30]으로 촉발된 글로벌 금융위기는 모두 연준의 금리 인상, 높은 시장금리와 무관하지 않았다.

이번에는 2022년 3월부터 연준이 금리를 올린 다음 얼마 안 돼 암호화폐와 국채 가격이 폭락했고(금리 상승), 미국의 일부 지역은행의 파산, 일부 국가의 집값 하락 등 그간 과열됐던 자산시장에서 1차 파열음이 발생했다. 코로나19가 물러간 2023년 이후를 보면 높은 시장 금리는 여전히 먹잇감을 찾아 어슬렁거리는 굶주린 사자의 모습과도 같다. 그 대상물이 중국의 부동산 개발업체들의 부채가 될지, 미국의 상업용 부동산이 될지, 혹은 다른 엉뚱한 위험자산이 될지 아직은 미지수다.

하지만 우리에게는 역사를 통해 알게 된 분명한 교훈이 있다.

---

30 1850년 설립된 리먼브라더스(Lehman Brothers Holdings, Inc.)는 글로벌 주식채권 인수 및 중개, M&A, 사모펀드 등을 주 사업으로 영위하던 글로벌 투자은행(IB)이었다. 당시 이 회사의 미국 IB 랭킹은 골드만삭스, 모건스탠리, 메릴린치에 이어 4위였다. 2001년 9·11 사태 이후 연준은 경기 부양을 위해 초저금리를 유지했고 이 과정에서 부동산 가격이 상승했다. 연준은 경기 과열을 우려해 기준금리를 2004년 1.0%에서 2006년 5.25%까지 올렸다. 높은 금리부담으로 2007년부터 미국 부동산 가격이 하락하자 많은 대출자들이 높은 이자를 감당하지 못하게 됐고, 낮은 신용등급의 부동산 담보대출인 서브프라임 모기지론의 부실이 눈덩이처럼 커졌다. 리먼브라더스는 서브프라임 모기지 부실과 파생상품 손실에 따른 6,130억 달러 규모의 부채를 이기지 못하고 결국 2008년 9월 15일 뉴욕 남부법원에 파산보호를 신청했다.

1980년 이후 미 국채금리와 기준금리

—— 미국국채 10년물 (%)　　—— 미국 연준의 기준금리 (%)

플라자합의 (1985)

구소련 붕괴 (1991)

아시아 외환위기 (1997)

글로벌 금융위기 (2008)

코로나19 발생 (2020)

?

일본 자산거품 붕괴 (1990)

자료: FRB
주: 기준금리 인상 직후 또는 일정 시간 지나 역사적 사건 발생

금리 인상은 그 전에 쌓아놓은 부채나 자산시장의 거품을 반드시 찾아서 건드린다는 것이다. 또한 그 과정에서 이따금 미국의 패권에 근접하는 국가(구소련, 일본)를 강타하거나 아무도 예상하지 못한 위기를 야기했다는 점은 섬뜩하면서도 반드시 기억해야 할 불편한 사실이다. 위기는 자세히 보면 징후는 있었으나 모두에게 예고하고 오는 법이 없었다.

분업질서의 변화

앞으로 세계 물가에 영향을 줄 또 다른 구조적인 요인이 있다면 광범위한 분업질서의 변화를 꼽지 않을 수 없다. 국제 분업질서는 여러 단계를 거쳐 오늘에 이르렀다. 1950년대까지는 주로 완제품 중심의 교역으로 선진국은 최종 생산품을 수출하고 저개발국은 1차산품을 수출했는데 당시 높은 교역비용과 관세장벽이 문제였다.

이후 1960대부터 1980년대에는 중간재 교역이 본격 확대됐다. 선진국은 부가가치가 높은 핵심 부품을 개발도상국에 수출하고, 개도국은 그것을 조달받아 낮은 생산원가를 기반으로 공산품을 생산해 자체 내수로 충당하거나 1차 가공해 수출하는 방식이 주를 이뤘는데 다양한 산업에서 교역이 증가한 시기였다. 이후 1990년대는 신자유주의[31]와 IT혁명이 어우러져 세계화가 가속화된 국면이었다. 보다 체계적인 세계 교역질서 확립을 위해 세계

---

31 국가 권력의 시장 개입을 비판하고 시장기능과 민간의 자유로운 활동을 중시하는 사상이다. 1970년대 후반부터 부각된 자본의 세계화 흐름에 기반한 경제적 자유주의 중 하나로 신자유주의론자들은 자유무역과 국제적 분업이라는 근거에 따라 시장 개방을 주장한다. 국가의 시장 개입을 완전히 부정하진 않지만 이를 통해 경쟁시장의 효율성과 국가 경쟁력 강화를 악화시킨다고 주장한다. 불황과 실업, 빈부격차 확대, 선진국과 후진국의 갈등 초래라는 부작용도 존재한다.

무역기구(WTO)[32]가 출범했고 기술혁신과 비용절감을 위해 범세계적 가치사슬(GVCs, Global value chain)이 형성됐다. 글로벌 공급망이 더 세분화되고 고도의 분업 네트워크가 형성되면서 자유무역이 제대로 꽃을 피운 시기였다.

그렇다면 앞으로의 분업질서는 어떤 특징으로, 어떻게 변화되어 갈까? 전 세계에서 가장 싸게 물건을 만들 수 있는 곳에 공장을 지어, 가장 효율적인 방법으로 중간재를 조달해, 가장 비싸게 팔 수 있는 지역에 최종 재화를 팔던 기존의 방식이 이제는 일부 산업에서 통하지 않을 수 있다. 세계 최대 교역국인 미국과 중국이 서로를 견제하고 있어 이 과정에서 세계 자유무역 질서 전반이 영향을 받을 수 있기 때문이다.

비교우위를 기반으로 거침없이 국경을 넘나들며 오직 효율성만을 추구하던 교역활동이 줄고 지역 이기주의가 이를 조금씩 대체해 갈 조짐이 커지고 있는 것도 그 이유다. 만약 이런 추세가

---

32 세계무역기구(WTO, World Trade Organization)는 무역 자유화를 통한 전 세계 경제발전을 목적으로 하는 국제기구로, 1995년 1월 1일 정식 출범했다. 한국은 1995년 1월 1일 WTO 출범과 함께 회원국으로 가입했다. WTO의 역할은 우선 국가 간 발생하는 경제분쟁을 판결하고 조정하는 데 있다. 또 예전에는 없었던 관세인하 요구, 반덤핑 규제 등 준사법적 권한과 구속력을 행사한다. 아울러 서비스와 지적재산권 등 새로운 교역 과제도 포괄하여 세계교역을 증진시키는데 기여했다. 특히 WTO는 다자주의를 지향하여 특정국의 일방적 조치나 지역주의 등을 배제한다. (출처: 네이버 지식백과)

강화되면 기업들이 감당해야 할 비용이 늘어날 텐데 이는 결국 소비자에게 전가돼 인플레이션에 영향을 줄 것이다. 그간 풀어놓은 유동성이 경제 기저에 깔려 틈만 나면 물가를 부추기는 상황에서, 세계 분업질서 변화가 이처럼 생산원가까지 자극한다면 생산 효율성은 떨어지고 원자재와 중간재 조달비용은 올라 물가와 금리가 더 쉽게 뛸 수 있다.

우리는 코로나19가 한창 유행하던 시절, 지구촌 한 곳에서 생긴 작은 공급차질이 일파만파 퍼져 많은 기업들의 생산활동을 마비시키고 비용을 상승시킨 것을 기억한다. 하물며 미중 갈등이 만드는 원자재, 중간재, 최종재의 분업질서 변화가 어찌 세계 공급망에 아무런 영향도 주지 않을까? 미중 무역전쟁은 미중 경쟁을 '상호의존적인 경쟁'에서 상호의존을 무기화하는, 즉 노골적으로 경쟁하고 갈등하는 방식으로 변화시키는 단초가 되고 있다. 이는 축소 균형 전략으로 세계교역을 위축시킬 뿐 아니라 불균형을 만드는 요인이다.[33] 지금 전 세계 교역은 예전에는 없던 제약과 장벽에 부딪혀 그 규모가 점차 축소되고 그렇게 새로운 균형점을 찾아가는 과정일 수 있다.

---

33   『패권의 미래』 이승주 외, 21세기북스, 2022년

이러한 분업질서의 변화는 미중 두 나라에만 국한된 문제가
아니다. 전 세계 공급망과 부가가치 사슬이 마치 인체의 신경망
처럼 촘촘하게 연결돼 있는 오늘날, 어느 특정 부위에서 탈이 났
을 때 지구촌 전체가 겪을 파장과 피해 규모는 예상을 뛰어넘을
것이다. 스멀스멀 태동하고 있는 보호무역주의는 단일 쟁점의 양
자게임이 아니라 '다차원 복합게임'이 될 것이다. 즉 무역 불균형
의 시정이라는 좁은 의미의 무역마찰이 아니라, 인위적으로 공급
망을 완전히 새롭게 재편해 자국에 유리한 방향으로 경제 질서의
말뚝을 박아 버리려는 의도가 다분하다. 이러한 변화는 아직 가
보지 않은 길이라 그 파장을 가늠하기 쉽지 않다.

또 미국과 중국의 갈등은 지금 지구촌 '편 가르기'로 형태로
발전하고 있다. 강대국들이 자국 이기주의로 앞서 달려나가고 있
고 약소 국가들은 실리를 쫓아 이들이 만든 질서를 선택하거나
선택을 강요 받는 형태의 지역주의가 형성되고 있다.

그렇다고 이러한 불록화에 이념만 적용되는 건 아니며 나름
철저한 경제원리가 먹히고 있다. 중국의 정치체제는 공산당이 국
가와 사회를 압도하는 '당-국가체제'지만 경제 시스템은 시장원
리를 도입한 '독특한 시장경제 체제'인데 중국과 가까워지는 모
든 국가들의 체제가 중국과 비슷한 것은 아니다. 또한 한 국가가
단 한 개의 블록에만 속해 있는 것도 아니다.

지금 세계경제 질서를 관통하는 개념은 실용주의이다. 그러면서도 미국과 대결 구도에 있는 국가들의 결집은 단순한 경제 문제를 넘어 경우에 따라서는 안보 동맹 성격도 띠고 있다. 국제 분업질서를 지역별로 세분해서 들어가 보면 역사와 종교, 국방, 지역 안보관계가 서로 얽혀 있어 지정학적 문제와 연결될 수밖에 없다. 이런 가운데 중국은 중앙아시아와 중동 및 유럽, 아프리카로 연결되는 새로운 경제벨트인 일대일로[34] 정책을 추진하고 있다. 중국이 주도하는 이 분업질서는 이웃집 동업자 관계를 넘어서 재화와 서비스, 기술, 천연자원, 핵심 광물, 원조와 차관, 금융을 연대하는 광범위한 경제 공동체 네트워크 성격을 갖고 있다.

이에 대응해 2023년 9월 G20 정상회의에서는 미국과 인도, 사우디아라비아 정상들이 만나 '인도-중동-유럽 경제 회랑(IMEC, India-Middle East-Europe Economic Corridor)' 구상을 발표했다. IMEC는 인도 등 남아시아에서 유럽까지 철도와 해운 수송로를

---

34 일대일로(一帶一路)는 중국 주도의 신(新) 실크로드 전략 구상으로 내륙과 해상의 실크로드 경제벨트를 의미한다. 2013년 시진핑 주석이 처음 제안한 정책으로, 유럽과 아시아를 잇는 하나의 프로젝트이다. 물류뿐 아니라 경제협력 블록 성격을 갖고 있다. 일대일로는 정책 소통, 인프라 연결, 무역 확대, 자금조달, 민심 상통 등 5대 이념을 바탕으로 추진되고 있다. 2023년은 일대일로 10주년인데 그간 진행되어 온 일대일로의 문제점도 속속 드러나고 있다. 네팔, 스리랑카, 파키스탄, 이집트 등 저개발국의 경우 중국으로부터 막대한 자금을 지원받아 건설한 사회간접자본 시설이 제대로 운영되지 않은 채 막대한 부채만 남아 장기 사용권을 중국에 넘기는 등 중국이 저개발국의 기반시설을 점령하고 있다는 비판도 있다.

미국의 '인도-중동-유럽 경제회랑(IMEC)' 구상

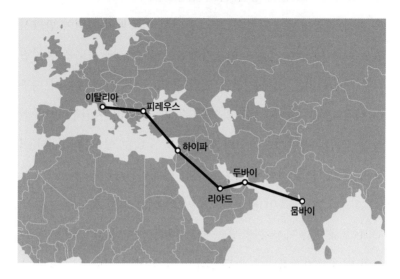

연결해 석유 등 에너지와 상품을 안정적으로 이동시키겠다는 구
상으로 '신(新) 스파이스루트(향신료길)'로 불리기도 한다.

IMEC는 인도와 중동, 아라비아만을 연결하는 '동쪽 회랑'과
아라비아만에서 유럽을 연결하는 '북쪽 회랑'으로 구성된다. 인도
에서 UAE 두바이항(港)까지 뱃길로 물건을 수송한 뒤 UAE에서
철도와 해상으로 사우디아라비아, 요르단, 이스라엘, 튀르키예 등
을 거쳐 유럽까지 잇는 경제 통로를 만들겠다는 것이다.

IMEC가 성공하려면 이 루트를 관통하는 중동 지역의 지정학
적 안정이 필수다. 외자를 적극 유치하고 포스트 오일 시대를 맞

아 제2의 경제부흥에 공을 쏟고 있는 사우디아라비아와 UAE 같은 나라 입장에서는 안보와 기술 면에서 미국과의 협력이 반드시 필요하다. 미국은 이들과 이스라엘을 묶음으로써 새로운 중동질서를 확립하려는 계획을 갖고 있다. IMEC는 무슬림 수니파 맹주인 사우디아라비아와 이스라엘의 수교, 그에 따른 일부 반미 이슬람 국가나 집단(또는 정당)의 힘 빼기도 노리고 있다는 점에서 미국의 신(新) 중동 전략에 매우 중요한 의미가 있다.

그러나 2023년 10월 7일 하마스의 이스라엘 기습 공격과 비극적인 대규모 사상자 발생은 많은 아쉬움을 남긴다. 이스라엘-하마스 전투가 IMEC와 중동질서 재편에 어떤 영향을 줄지 귀추가 주목된다. 가뜩이나 최근 지정학적 질서 재편에 미국의 리더십이 다소 약해지고 있고 그 틈새를 파고드는 나라들이 늘고 있어 세계 곳곳에 분쟁과 갈등이 확산될 수 있다.

세계 안보질서가 점점 혼돈에 빠지면 강대국의 힘이 분산되고 집중화보다는 다극화가 특징을 이루기 때문에 자칫 세계경제의 불협화음과 갈등이 확산되고 유가 상승 등 인플레이션의 파편이 튀지 않을까도 우려된다.

탈세계화는 인플레이션을 부른다

　결국 우리의 관심사는 일련의 '분업질서 변화가 세계 인플레이션에 어떤 영향을 줄 것인가'에 관한 것이다. 그 구체적 과정과 속도에 대해서는 자신할 수 없지만 큰 흐름으로 볼 때, 세계는 지금 탈세계화에 따른 '인플레이션 비용 청구서'를 받고 있는 것 같다. 즉 탈세계화가 진행될수록 물가 상승 압력은 필연적으로 커질 수밖에 없을 것이다. 경제원리가 통하지 않는 세계경제 질서는 곧 비효율을 낳고 비효율은 생산성을 떨어뜨리기 때문이다.

　경제의 블록화나 탈세계화는 지난 수십 년간 익숙했던 세계경제 질서의 새로운 버전이다. 어쩌면 이제는 지구촌 여러 분야의 기업들이 어쩔 수 없이 더 비싼 방법으로 제조해 경제 외적인 이유로 제한된 국가에 물건을 파는 세상으로 가고 있는지도 모른다. 많은 기업들이 새로운 교역비용을 지불해야 할 처지에 놓이고 있다. 물론 이러한 환경 변화를 오히려 반기는 기업도 있을 것이다. 모두가 원하는 경쟁력 있는 기술이나 자원, 소프트웨어, 부품 등의 값은 오르고 이를 보유한 기업의 교섭력은 높아질 것이기 때문이다. 분업질서 변화에서 오는 공급망 재편과 인플레 위험을 오히려 기회로 삼는 국가나 기업은 웃고, 그렇지 못하는 쪽은 쇠퇴하는 시대가 오고 있다. 전략 물자와 핵심기술이 무기인

시대라 이를 육성하고 보호하고 연결하고 거래하는 기술도 중요해질 것이다.

한편 분업질서 변화는 각국 정부로 하여금 더 많은 정책 개입과 재정지출을 하도록 유도할 것이다. 특히 미국은 탈분업화와 다극화 시대에 자국의 리더십과 헤게모니 유지에 더 많은 자금을 투입할 것이다. 군사력 강화와 분쟁지역 개입, 첨단 산업에 대한 보조금 지급, 리쇼어링을 유인하기 위한 초기 인센티브 제공 등이 그것이다. 당연히 재정지출이 늘고 국채 발행이 증가할 수밖에 없다. 탈세계화와 전략 상품의 중요성이 커질수록 각국의 생산 비용과 교역 비용은 증가할 것으로 예상된다.

탈(脫)세계화와 전략 상품의 중요성

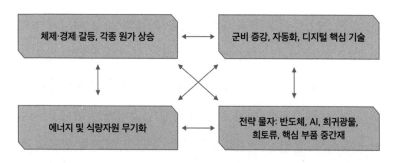

주: 여기서 전략 상품은 전쟁을 수행하는 데 가치가 큰 물자뿐만 아니라 일국의 경제, 산업 활동에 중요한 물품, 자원, 기술을 포괄하는 개념을 뜻함
탈세계화와 전략 상품의 중요성이 커질수록 각국의 생산 비용과 교역 비용은 증가할 것으로 예상됨

탈세계화(脫世界化, deglobalization)는 세계화의 반대되는 말로 세계 각국이 정치, 경제, 사회, 문화, 과학 등 여러 분야에서 다른 나라와 교류하지 않으려는 현상을 뜻한다. 탈세계화는 국가 간 재화, 자본, 고용 등의 교류 감소와 국가 간 투자 감소를 야기한다. 학계에서는 자유 무역과 투자, 여러 국제 협력의 회피 및 감소가 세계 전체의 장기성장에 부정적 영향을 미칠 것으로 보고 있다. 각국 경제의 상호작용 감소와 성장 둔화는 보호주의를 더욱 확대시킬 위험이 있고 국제정치와 안보 등 비경제적인 분야에서도 문제를 일으킬 수 있다. 즉 경제 협력이 감소하면 국가 간 분쟁이나 갈등 위험이 더 커지기 쉽고 대립적 상황이 조성될 수 있다.

탈세계화 정책의 주요 사례로는 2001년 조지 W. 부시(George Walker Bush) 대통령 시대부터 시작된 미국의 자국산 재화 우대 정책, 이후 지속된 대중 관세 인상, 트럼프 대통령의 파리 기후협약 탈퇴, 바이든 행정부의 인플레이션 감축법(IRA) 등이 그 대표적이다. 이 밖에도 중국과 유럽연합(EU) 등 주요국의 보호 무역주의 정책과 자국 산업에 대한 보조금 지급, 외국기업에 대한 투자 제한, 비관세장벽 설치 등 근래에 올수록 관련 사례는 점점 많아지고 있다.

세계화지수

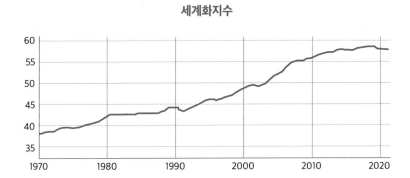

자료: KOF Swiss Economic Institute(2023. 12)
주: 실효 세계화지수

달러패권의 지속과 금융 위험

분업질서의 변화는 글로벌 자본흐름의 변화로도 나타날 것이다. 앞으로도 미국은 군사와 경제면에서 글로벌 리더십을 테스트받을 터인데 이 과정에서 미국의 경제적 우위, 통화정책의 변화에 따라 환율시장은 변동할 것이다. 환율시장은 새로운 분업질서 변화가 있을 자본시장의 단기 금융자본 이동과 직접투자(FDI) 등 장기 실물기반 자본흐름에 영향을 받을 것이다.

미국은 종합적으로 봤을 때 아직 세계에서 가장 강한 국가다. 우리는 강한 국가의 힘을 패권, 헤게모니(hegemony)라 부른다. 헤게모니는 한 집단이 다른 집단의 문명과 문화를 지배하는 것 즉, 국제관계에서 다른 나라에 대해 지배권과 통제력을 갖는 것을 뜻한다. 한 나라의 패권은 군사력[35], 경제 규모, 무역 점유율, 금융산업의 영향력 등 매우 광범위한 요소로 결정된다. 미국은 첨단기술, 국방, 교육, 특허 등 각종 지적 자산과 국제적 표준을 장악하고 있으며 언어, 문화, 예술, 스포츠 등 소프트 파워 또한 강한

---

[35] GFP사의 GPI(Global Firepower Index)는 군사력 비교 지수다. 이는 142개국을 대상으로 군사비, 병력 수, 전차, 전투기, 원자력 잠수함, 항공모함, 함선, 장갑차, 화포, 헬기, 대지 공격기 등을 포괄한 종합 국방력 지표다. 이 지표상 군사력 1위의 국가는 단연 미국이고 러시아, 중국, 인도, 일본, 한국이 그 뒤를 잇고 있다.

제2부 • 유동성과 세계경제 프레임의 변화

국가다. 미국이 외부로부터 패권에 도전받는 일이 늘고는 있지만 아직 패권을 심각하게 침해받을 정도는 아니다. 중국의 약진이 돋보이지만 당장 모든 분야에서 미국을 앞설 수준은 아니다. 청교도 정신이 쇠락하며 미국사회의 여러 어두운 면이 커지고 있지만 그렇다고 이러한 사회적 병리 현상이 지금 당장 미국사회를 무너뜨리지는 않을 것이다.

이러한 미국의 패권을 반영하는 것 중 하나가 달러이고 어찌보면 세계 최강의 강철 통화인 달러는 미국의 강한 패권을 상징하고 있다. 환율은 한 나라의 경제력을 나타내는 가장 대표적인 지표이자 결과물이기도 한데, 특히 달러는 그 이면에 미국의 종합 역량 즉 패권이 숨어 있다. 금본위제 폐기와 지속된 통화 팽창에도 불구하고 달러가치가 유지되는 가장 큰 이유는 군사력 등 미국이 갖고 있는 광범위한 헤게모니에 있다. 아울러 미국이 생산하는 재화와 서비스의 높은 경쟁력과 생산성, 그리고 이를 담는 미국의 세계적인 우량 기업들이 달러의 기축성을 돕는 요소라 하겠다.

환율이란 두 나라 통화의 교환비율, 즉 상대가격이기에 그 어떤 경제지표보다 전망이 어렵다. 그중에서도 미국 달러가치(달러

인덱스)[36]의 결정에는 미국과 다른 선진국 경제의 고유 상황도 함께 녹아 있어 전망을 더욱 어렵게 만든다. 달러패권과 인플레이션, 그리고 달러가치 변화와 관련된 몇 가지 예상 시나리오를 살펴보면 다음과 같다.

첫째, 달러패권은 원자재 가격을 끌어올린다

이 강철통화는 그간 인플레이션과 높은 상관성을 보여왔다. 만약 세계물가와 금리의 평균 레벨이 올라가고 분업질서의 변화로 또다시 물가가 상승 압력을 받는 상황에서 환율하락으로(평가절하) 수입물가까지 오른다면 그야말로 인플레이션은 어디 숨을 데가 없다. 달러패권은 주기적으로 원자재 가격을 끌어올리는 데 기여할 것이다.

달러가 세계 기축통화 지위를 계속 유지하는 한 긴 관점에서 볼 때 원자재 가격은 하락 압력보다는 상승 압력을 받기 쉽다. 주기적으로 나타나는 달러 약세는 미국의 수입물가를 끌어올리고,

---

36 미국 달러인덱스(DXY)란 6개 선진국 통화가치 대비 달러의 가치를 나타내는 환율지수다. 달러인덱스에 포함된 환율과 그 비중은 유로화 57.6%, 일본 엔화 13.6%, 영국 파운드화 11.9%, 캐나다 달러 9.1%, 스웨덴 크로나 4.2%, 스위스 프랑 3.6%로 이들 환율을 가중 평균해 계산한다. 이처럼 미국 통화를 다른 여러 국가의 통화와 가중평균해서 비교하는 방식은 1973년부터 사용되고 있다.

반대로 달러 강세는 반대편에 있는 수많은 나라들의 수입물가에 부담을 줄 것이다. 하지만 미국은 에너지와 곡물 등 1차 산업에서 어느 정도 자급자족이 가능한 나라이기 때문에 달러 약세로 인한 미국 내부의 물가 상승은 적게 나타나는 반면, 달러 강세 기에 다른 나라의 물가 상승은 높게 나타난다.

환율은 일정 주기로 변하기 마련이어서 달러는 앞으로도 약세와 강세를 오고 갈 것이다. 달러 약세는 통상 세계경기가 좋을 때 나타나므로 유가와 천연가스, 구리 등 경기에 민감한 원자재 가격을 끌고 올라가는 경우가 많다. 이러한 원자재발 인플레이션은 다시 중앙은행의 짧은 긴축을 불러올 것이다. 중앙은행의 짧은 긴축과 상대적으로 긴 완화정책이 수차례 반복되면 통화 유동성은 계속 쌓일 것이고 이는 땅 속에 묻혀 있는 각종 원자재 가격을 부추길 것이다.

반대로 달러 강세는 흔히 경기 둔화 국면에서 나타나는데 그때 신흥국 진영은 자국 통화의 약세를 피할 수 없다. 때문에 자칫 '경기 둔화-물가 상승'의 조합(스태그플레이션)에 빠질 수 있다. 또한 달러 강세 국면에서는 산유국들의 원유 생산량 조절이 일어나는 경우도 많다. 이래저래 환율 변동은 세계 전체로 봐서는 물가에 그리 반갑지 않은 손님이다.

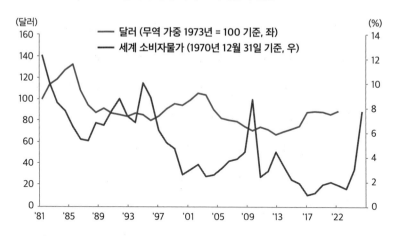

달러가치와 세계 소비자물가 변동

(달러)
160

140

120

100

80

60

40

20

0

—— 달러 (무역 가중 1973년 = 100 기준, 좌)
—— 세계 소비자물가 (1970년 12월 31일 기준, 우)

(%)
14

12

10

8

6

4

2

0

'81 '85 '89 '93 '97 '01 '05 '09 '13 '17 '22

자료: 세계은행
주: 좌축 달러는 숫자가 낮아질수록(높아질수록) 달러 약세(강세)를 의미

둘째, 달러패권은 당연히 미국의 국익을 우선시한다

미국은 앞으로도 국익에 맞춰 필요할 때마다 달러가치를 조
정할 것이다. 물론 작은 파동을 말하는 것은 아니다. 아울러 달러
패권이 오직 강한 달러를 뜻하는 것도 아니다. 꼭 음모론적인 견
해가 아니더라도 지나고 보면 달러는 미국의 국익에 맞춰 유리한
방향으로 움직여 왔다. 만약 달러패권에 대한 중국 위안화의 도
전이 지금보다 더 거세지고 있는데 때마침 가파른 달러 강세가
온다면 위안화 가치는 떨어지고 이는 중국이 공들이고 있는 위안

화의 국제적 위상이나 일대일로 정책에 힘을 빼는 일이 될 것이다.

앞으로도 달러는 지그재그로 오르고 또 그렇게 내리되 예전보다는 훨씬 불규칙하게 움직일 것 같다. 그만큼 공정환율에서 벗어나는 경우가 많을 거란 얘기다. 다만 일정 시간이 지나 달러가 도달해 있는 곳은 결국 미국의 국익에 종합적으로 유리한 지점이 될 것이다. 그 지점은 분업질서의 변화 과정에서 미국에 유리한 좌표일 것이다.

당장은 글로벌 자본이 낮은 금리의 중국에서 이탈해 높고 안전한 미국으로 이동하는 과정에서 위안화 절하 압력이 커질 수 있다. 결국 미국은 의도하든 의도하지 않든, 나름 경기에 순응하면서 상대방의 통화가치를 조정하는 결과를 얻을 것이다. 세계 환율시장은 달러가 공정가격에서 너무 멀어지지 않으면서 그 기축성을 유지하는 방향으로 움직일 것이다. 물론 이러한 패러다임은 영원히 지속되지는 못할 것이고 결국 언젠가는 새로운 환율질서가 지금의 환율질서를 대체할 것이다.

셋째, 미국의 금융 산업은 여전히 경쟁우위에 있을 것이다

환율패권은 경쟁력 있는 금융 산업을 기반으로 한다. 예로부터 기축통화국은 모두 금융 산업이 발달한 선진국이었다. 한 나라의 경제 규모가 커지면 커질수록 내수 규모도 커지고, 수입이 수출을 초과해 자연스레 무역수지가 적자로 기운다. 변동환율 제도하에서 무역수지 적자는 자연히 자본수지 흑자를 이끌어 국제수지가 균형을 이루도록 조정해 준다.

물론 이를 유지하고 자국 통화의 수출(자국 통화가 전 세계로 퍼져나가는 현상으로 기축통화의 중요한 요건 중에 하나임)을 이어가려면 규모 있는 경제와 무역 점유율, 그리고 이를 지원하는 금융 시스템의 안정이 필수다. 이 메커니즘에는 국채시장의 신뢰가 뒷받침돼야 한다. 달러가 전 세계에 잘 돌게끔 하는 게 바로 미국 금융 산업의 숨은 기능이다. 미국은 달러 표시 국채를 매개로 다른 나라로부터 저축을 수입해 내수 소비를 유지하고, 달러 기반의 금융 산업을 세계 최고의 경쟁 산업으로 품고 있다. 미국 금융 산업은 달러가치가 공정 가격에서 너무 멀어지지 않도록 제어하는 역할도 한다.

미국의 금융 산업은 재무부 및 연준과 함께 달러패권을 이끄는 삼두마차 중 하나다. 따라서 달러의 기축성이 유지되는 한 미국의 금융 산업 파워도 여전히 강할 것이다. 그리고 미국의 금융 산업은 상대국 통화가치가 하락할 때 그들의 자본을 상륙시켜 막대한 이윤을 추구할 것이다.

넷째, 연준은 틈만 나면 완화적 통화정책을 펼칠 가능성이 높다

물론 물가를 잡아야만 하는 상황에서는 당연히 통화긴축을 하 겠지만 연준은 인플레가 조금만 잡혀도 비둘기(금융완화) 본성을 드 러낼 것이다. 그 이유는 우선 백악관과 정치권이 연준에 중립적이 지 않기 때문이고, 연준과 연방정부는 달러패권과 국채의 신뢰성 을 유지하기 위해 돈이 계속 필요한데다 재무부의 국채이자 지출 부담을 줄이는 데 연준의 역할이 크기 때문이다.

'끊임없는 화폐 증발에도 불구하고 달러가 어떻게 신뢰성을 유 지해 올 수 있었느냐' 하는 것은 흥미로운 연구주제다. 국가부채와 재정적자가 불어날수록 미 국채와 달러화에 대한 신뢰가 떨어져 야 마땅하지만 현실은 반대였다. 미국은 팽창된 달러로 높은 경제 력과 군사력, 첨단 기술력, 산업 경쟁력 등 패권 유지에 필요한 막 대한 예산을 확보할 수 있었고 재정지출을 넉넉하게 유지해 왔다.

연준이 윤전기를 바삐 돌려 달러를 찍을수록 미국국채라는 이 름의 연방 정부부채는 별다른 마케팅 없이도 전 세계로 잘 유통된 다. 미 의회예산국(CBO)에 따르면 세금과 지출 등 현행 법률이 변 경되지 않으면 향후 30년간 연방 정부부채는 GDP 대비 2023년 98%에서 2053년에는 181%까지 높아질 전망이다. 그런데 통화패 권은 곧 국채의 패권이며 따라서 달러패권을 지키려면 미 국채에 대한 세계인의 신뢰가 필수다. 그래서 미 재무부와 연준은 그간 미국국채의 신뢰성과 달러의 안정성을 지키기 위해 애써왔다.

앞으로도 미국정부는 국채시장의 신뢰에 조금이라도 금이 가는 일이 생기면 지체없이 대응할 것이고 이는 역설적으로 완화적인 통화정책을 필요로 할 것이다. 연방정부가 발행한 국채의 최대 수요자가 연준이며 시장에서 미 국채에 대한 신뢰에 문제가 생겼을 때 이에 대한 최종 대부자의 역할을 하는 기관도 연준이기 때문이다. 벌써부터 일본처럼 YCC 정책(수익률 통제 정책)의 필요성을 거론하는 사람들도 있다.

2023년 3월 실리콘밸리 은행[37]이 유동성 위기에 몰리자 미 재무부는 신속하게 예금자 전액 상환을 보장했고 연준은 BTFP(Bank Term Funding Program)라는 유동성 지원기금을 조성했다. BTFP를 통해 국채 등을 담보로 제공하는 금융회사에 최대 1년 만기의 대출을 허용했고 국채 가격 하락(금리 상승)으로 인한 손실을 막기 위해 채권 담보가치를 시장가격이 아닌 액면가로 평가해주는 조치를 내놨다. 미 국채의 담보가치 안정과 신뢰를 지키려

---

[37] 실리콘밸리은행(SVB)은 미국 내 자산 16위 규모의 은행이었으나 뱅크런(대규모 예금 인출 사태) 발생 이틀 만인 2023년 3월 10일 파산했다. SVB 파산은 2008년 글로벌 금융위기 당시 워싱턴뮤추얼 파산에 이어 미 역사상 두 번째로 큰 규모라는 점에서 전 세계 금융시장을 긴장시켰다. SVB는 예금 인출에 대응해 보유한 미국국채 등을 팔아 자금을 마련했는데, 2022년 채권 가격이 폭락하면서 보유자산 가치가 크게 하락해 더욱 문제가 됐다.

는 파격적인 긴급 프로그램이었다.

이처럼 연준과 연방정부는 달러패권과 국채의 신뢰성을 지키기 위해 앞으로도 돈이 계속 필요할 것이고 그럴수록 달러는 공정가치에서 멀어지는 딜레마에 빠질 수밖에 없다.

미국의 통화 팽창과 달러가치 변화

—— 주요 선진국 통화 대비 달러 (1973년 = 100 기준, 좌)
—— 미국 M2/GDP 비율 (우)

자료: FRB

주: 달러 강세 정점 부근에서 신흥국 외환위기나 금융위기가 발생했고 이후 금융완화를 거쳐 다시 자산 버블이 형성되는 패턴이 반복되었다.
M2/GDP 비율 상승은 통화의 희석을 뜻하는데 2008년 이후 미국 M2/GDP 비율이 상승했음에도 불구하고 미 달러화는 오히려 강세를 보였다.

다섯째, 달러패권에 맞서는 국가와 환율전쟁이 벌어진다

미국의 달러패권에 맞서는 외부의 저항은 여전할 것이고 이는 미국과 제3국 연합 간 환율전쟁의 성격을 띨 것이다. 중국은 아시아, 중동, 아프리카, 라틴아메리카, 저개발 국가에 대해 구제금융과 차관공여, 에너지 동맹을 강화하고 있고 직접투자와 합작법인 등을 통해 위안화의 위상을 높이려 하고 있다. 중국의 새로운 결제통화 연대[38]는 앞으로 달러결제를 분산하는 데 일조할 것이다. 특히 세계경제 회복기에는 통상 달러 약세에 금융위험이 줄고 원자재 수요는 늘어 이때 위안화의 결제폭이 확대되기 쉽다.

하지만 중국 위안화가 국제결제 통화로 자리를 잡으려면 아직 갈 길이 멀다. 국제은행간통신협회(SWIFT)의 2023년 기준 전 세계 외환보유액 구성 비중을 보면 미 달러화가 47.5%, 유로화가 22.4%, 영국 파운드화가 6.9%, 중국 위안화가 4.1% 그리고 일본 엔화가 3.8%, 캐나다 달러가 2.5%로 나타나고 있다. 각국 정부가

38　중국의 새로운 결제통화 체제인 CIPS 즉 위안화 국제결제 시스템(Cross-Border Interbank Payment System)은 중국이 달러 중심의 결제망인 국제은행간통신협회(SWIFT)의 대안으로 2015년 독자 개발한 결제 시스템이다. 러시아-우크라이나 전쟁 발발 이후 국제 사회는 러시아에 경제 제재를 목적으로 러시아를 SWIFT 체제에서 방출했다. 하지만 미국의 의도와는 달리 전쟁 중인 러시아를 비롯해 러시아산 원유를 도입하는 몇몇 국가들은 중국이 주도하는 글로벌 결제 시스템인 CIPS의 접속을 늘렸다. 결과적으로 러시아-우크라이나 전쟁 이후 최근까지 오히려 CIPS 결제는 그 이전보다 활발해지고 있다.

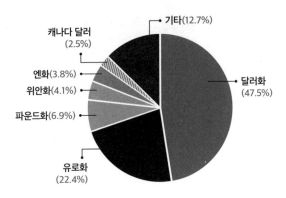

국제 결제통화 비중

- 기타(12.7%)
- 캐나다 달러 (2.5%)
- 엔화(3.8%)
- 위안화(4.1%)
- 파운드화(6.9%)
- 유로화 (22.4%)
- 달러화 (47.5%)

자료: SWIFT(2023.12)

보유하는 외화의 비중은 곧 그 통화에 대한 국제 신뢰를 뜻한다. 결제 통화로서의 외연이 보다 넓어지려면 교환의 매개, 가치저장 조건이 충족돼야 한다. 영향력 있는 기축통화가 되려면 경제의 절대 규모도 중요하지만 경제 전반의 안정성과 투명성이 필수이고, 금융부문의 효율성과 통화정책의 신뢰성도 뒷받침돼야 한다.

2011년 초 70선 부근에 머물던 ICE 달러 인덱스(티커명 DXY)는 2022년 10월, 112로 약 60%나 올랐다. 2017년부터 팬데믹 직전인 2020년 초까지 3년 남짓한 기간 동안 달러 인덱스가 약 13% 하락했지만 기간을 넓혀 뭉뚱그려 보면 2008년 글로벌 금융위기 직후부터 2023년까지 약 15년간은 달러 강세 국면이었

미 달러 강세 국면의 특징

	1차 강세	2차 강세	3차 강세	4차 강세
해당 연도	1980년 7월 ~1985년 2월	1995년 6월 ~2022년 2월	2011년 4월 ~2016년 1월	2018년 1월 ~2023년
지속 기간	약 5년	약 7년	약 5년	6년
달러 상승률	56%	40%	40%	30%
주요 사건	석유파동 극복, 미국 재정확대	아시아 외환위기, 역플라자합의	유럽 재정위기, 초저금리 시대	코로나19, 역대급 금리 인상
국제유가	38% 하락	하락 후 급등	72% 하락	급락 후 급등

주: 달러 강세 국면 구분은 필자의 인위적인 구분이다.

다. 지금까지 그래왔듯이 앞으로도 달러는 강세와 약세를 반복할 것이다. 1980년 이후 달러는 크게 4차례 강세를 보여왔는데, 달러 강세 국면이 끝나면 한동안은 약세가 길게 이어졌다. 달러의 평균 강세 기간은 약 5년 정도였고 약세는 길게는 10년, 짧게는 2년에 그치는 등 규칙성은 약했다. 1980년 이후 4차례의 달러 강세 국면마다 달러는 30~56%씩 올랐다.

달러 강세의 원인을 살펴보면 우선은 미국의 금리 인상과 가장 밀접했고(1980년대 초와 2022년 이후) 그 다음은 미국 주도의 환율 정책 변화가 달러 강세에 기여했다. 1985년 대일 적자를 메우고 과도한 엔화 약세를 조정할 목적으로 미국은 일본과 플라자합의[39]를 체결했고, 반대로 1995년에는 소위 말하는 역(逆)플라자합의를 통해 엔저를 유도하여 지나치게 평가절하된 달러가치를 끌어올렸다. 물론 경기 변동과 이자율 차이로 달러가치가 자연스럽게 변하는 경우도 많았다.

세계경기가 침체에서 회복으로 돌아서면 원유 등 자원 가격이 오르고 위험자산 선호 현상이 커지면서 안전통화인 달러가 약세로 기우는 경우가 많았다. 반대로 달러 강세 기간에는 국제유가가 대체로 약세를 보였지만 그렇다고 달러 강세 기간 내내 유가가 하락했던 것은 아니었다.

---

39   플라자합의(Plaza Agreement)는 1985년 9월 뉴욕 플라자호텔에서 G5 재무장관들이 맺은 달러화 강세 시정 조치다. 1980년대 미국과 일본의 만성적 무역 불균형을 시정하기 위해 미국의 달러가치를 떨어뜨리고 일본 엔화가치를 끌어올려 양국의 무역수지 불균형을 해소하려는 취지였고 이로 인해 1980년대 중·후반 한국은 3저(유가, 금리, 환율) 호황의 반사이익을 누렸다. 플라자합의 이전 달러당 259엔이었던 엔화가치는 1987년 블랙먼데이를 거치면서 140엔대로 올라섰고 아시아 외환위기 직전인 1995년 달러당 84엔까지 상승했다. 과도한 달러 약세로 1995년 4월 역(逆)플라자합의가 이루어졌고 아시아 외환위기는 투기세력들이 엔화가치를 다시 떨어뜨리려는 과정에서 해당 국가들의 외환 부족 사태와 맞물려 촉발됐다. 엔화는 1998년 141엔을 고점으로 이후 다시 안정을 되찾았다.

기후와 환경 변화

글로벌 경제의 프레임 변화는 기후와 환경 쪽에서도 일어나고 있다. 지구온난화로 대표되는 기후문제는 장기간에 걸친 이산화탄소, 메탄, 오존 등 주요 온실 기체들의 인위적 증가가 주요 원인으로 알려져 있다. 일반적으로 지구온난화는 산업혁명 이후 지구 지표면 평균 기온이 오르는 것으로 정의된다.

2014년 이후 지구온난화는 다시 가속되고 있다. 2016년은 기상관측 역사상 평균 지표기온이 가장 높았던 해였고 2017년은 세 번째로 높았던 해로 기록된 바 있다. 기상학자들은 IPCC(Intergovernmental Panel on Climate Change, 기후변화에 관한 정부 간 협의체) 5차 보고서 등에서 만약 우리가 온실가스 감축 노력 없이 지금처럼 이산화탄소를 지속적으로 배출한다면 2100년에는 지구 평균 지표기온이 산업혁명 이전 대비 약 섭씨 4도에서 5도 올라 재앙적 상황에 이를 것이라 경고하고 있다.

이에 대한 문제를 공유하고 국제협력을 이끌어내기 위해 2015년 12월 파리에서 열린 21차 유엔 기후변화협약(UNFCCC) 당사국총회(COP21) 본회의에서 195개국이 파리협정(Paris Agreement)을 채택해 2016년 11월 4일부터 국제법으로 효력이 발효되었다. 이 협정은 산업화 이전 수준 대비 지구 평균 온도가

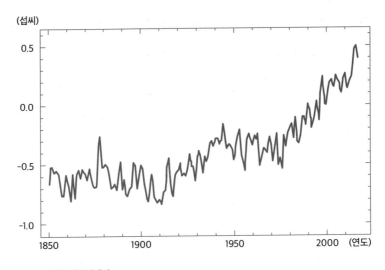

지구 평균 지표기온 편차 (1850~2017년)

(섭씨)

0.5

0.0

-0.5

-1.0

1850　　　1900　　　1950　　　2000　(연도)

자료: 영국 기상청 해들리센터
주: 산업혁명 시작 시기(1850년) 전 대비 지구 평균 지표기온 시계열
　　좌측의 섭씨는 1981~2010년 평균에 대한 차이를 의미

섭씨 2도 이상 올라가지 않도록 온실가스 배출량을 단계적으로 감축하는 내용을 담고 있다. 또 국가별 온실가스 감축량은 각국이 제출한 자발적 감축목표(INDC)를 그대로 인정하되 2020년부터 5년마다 상향된 목표를 제출하도록 했다.

지구온난화는 대형 산불, 홍수, 극심한 가뭄, 태풍 등 각종 이상기온과 자연재해의 원인으로 알려져 있다. 2022년 유럽은 역대급 폭염을 경험했고, 2023년에도 북미, 동남아 등에서 봄부터 이상 고온 현상이 확인되었다. 국제연합(UN)은 '엘니뇨를 대비하라'고 경고했고 2023년 7월, 세계기상기구는 엘니뇨(El Niño)[40] 발생을 공식화했다. 전문가들은 이번 엘니뇨가 보통의 경우보다 훨씬 강한 '슈퍼 엘니뇨'가 될 것이라 우려하고 있다. 실제로 2023년 일부 지역에서는 극심한 폭염과 가뭄 현상이 지속되었고, 다른 일부 지역에서는 전례 없는 홍수와 허리케인을 경험했다. 기상학자들은 앞으로 이러한 기상이변과 온난화 현상이 잦아질 뿐만 아니라 강도도 더 심해질 것으로 보고 있다.

기상문제는 글로벌 경제에 영향을 주고 인플레이션 압력을 높이는 직접적인 요인이다. 2022년 러시아·우크라이나 전쟁에서 촉발된 세계 식량 위기는 일단 고비는 넘겼지만 이제는 기후 영향에 따른 수확량 감소로 또 다른 부담을 안기 시작했다. 세계 3대 곡창지대인 우크라이나 '흑토', 북미 '프레리', 아르헨티나 '팜파스' 지대에서의 곡물 생산량은 전쟁뿐 아니라 극심한 가뭄, 물 부족, 이상기후 등으로 인해 급감했다. 인류의 영원한 필수소비재

---

40 처음에는 매년 12월 페루 연안에서 발생한 난류를 지칭하던 말이었다가 남아메리카 서해안에 호우가 자주 발생하는 기상이변을 엘니뇨라고 불렀다. 이후 엘니뇨가 국지적 현상이 아니라 적도 동태평양 전반에 걸친 대규모 해양-대기 상호작용 결과임이 알려지고, 전 지구 기후에 큰 영향을 미치게 됨에 따라 열대 태평양의 대규모 고수온 현상을 지칭하게 되었다. 엘니뇨의 정의는 국가마다 조금씩 다른데, 국제(미국) 기준으로는 엘니뇨 감시 구역의 3개월 이동평균 해표면 수온 편차가 섭씨 +0.5℃ 이상이 되는 기간이 5개월 이상 지속될 때, 그 첫 달을 엘니뇨 발달의 시작으로 본다 (출처: 해양학백과)

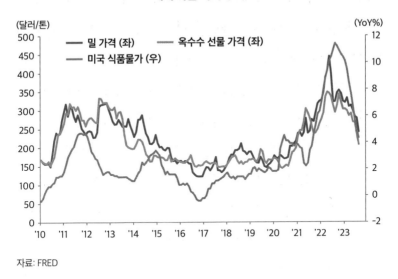

세계 곡물 가격 추이

(달러/톤)

— 밀 가격 (좌)　　— 옥수수 선물 가격 (좌)
— 미국 식품물가 (우)

(YoY%)

자료: FRED

인 곡물과 그 곡물을 사료로 사용하는 가축의 공급 차질과 가격
상승은 앞으로 글로벌 물가 상승 압력을 높이는 일상적 상수가
될 수 있다. 앞으로도 에그플레이션은 간헐적으로 인플레이션을
부추길 것이다.

　근래 더욱 빈번해지고 있는 전 세계적인 기상이변은 앞으로
농업 산업에 막대한 영향을 미칠 것으로 보인다. 식량 문제는 특
히 저개발 국가를 힘들게 하고 사회불안, 폭동, 내전, 난민 등의
문제를 일으키기 쉽기에 농업은 국가 기간 산업이자 전략 산업
중에 전략 산업이다. 가뭄으로 인한 식수 감소나 수질 오염은 농

업에 막대한 영향을 미치며 국민 생존권을 위협하고 국가 간 분쟁의 씨앗이 되기도 한다. 메콩강, 나일강 등 하나의 물줄기를 공유하는 나라에서 종종 갈등이 불거지는 것을 보면 잘 알 수 있다.

농업은 선진국이나 개도국이나 중요도가 더욱 높아질 것으로 보인다. 환경·기후학자들은 '농업은 이산화탄소를 흡수하고 산소를 내뿜으면서 우리에게 식량을 공급하는 공익적 가치가 있는 산업'이라고 정의하고 있다. 그리고 앞으로 농업은 4차 산업 기술을 활용해 힘을 적게 들이면서 더 많은 부가가치를 생산하는 디지털 농업으로 전환되어야 한다고 역설한다.[41]

전 세계적인 가뭄 현상이 지속되면서 주요 운하, 하천의 운송도 차질을 빚고 있다. 파나마 운하는 82km의 길이로 태평양과 대서양을 연결하는 주요 물류 통로이다. 산악 지형을 통과하는 지형적 특성으로 해수면보다 최대 26m 높은 위치에 있으며, 이로 인해 선박들이 도크에 들어온 다음 운하를 통과해야 한다. 선박이 바다로 들어가기 위해서는 추가로 물이 공급되어야 한다. 파나마 운하의 경우 갑문 엘리베이터에 필요한 물을 가둔 호수 (Gatun Lake)에서 공급받고 있는데 최근 물 부족으로 어려움을 겪

---

41   『6번째 대멸종 시그널, 식량전쟁』 남재철 지음, 21세기북스, 2023년

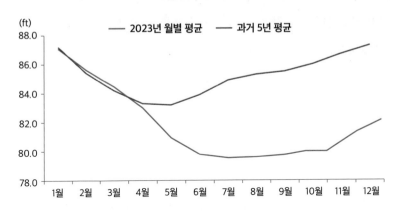

2023년 파나마 가툰 호수 수위 추이

(ft)

— 2023년 월별 평균   — 과거 5년 평균

자료: 언론보도종합
주: 파나마 운하는 파나마 지협을 횡단해 태평양과 카리브해(대서양)을 연결한다. 총 길이 64km로 1914년
8월 15일에 완성되었다. 파나마 운하는 수에즈 운하와 더불어 대양을 연결하는 인공수로이다.

고 있다. 가뭄이 지속됨에 따라 가툰 호수의 수위가 계속 낮아지
자, 파나마 운하는 대형 선박들의 최대 허용 흘수를 낮추고 있다.
가뭄이 추가로 심해질 경우엔 선박 운항 척수 자체를 제한할 가
능성도 있다. 이렇게 글로벌 기후 변화는 생산뿐 아니라 운송에
도 차질을 야기해 적절한 물류 활동을 어렵게 만든다.

또한 기후 변화는 에너지 사용 및 생산구조를 변화시키고 있
다. 가령 예상치 못한 폭염이 발생할 경우 전력 수요가 급증하고
불안정한 전력 공급은 대규모 블랙아웃을 일으킬 수 있기 때문에
기업들은 이에 대비해 원·부자재의 안정된 재고 확보와 공급망

다변화를 위해 노력할 수밖에 없다. 결국 에너지 수급 불안은 기업들로 하여금 중간재에 대한 가수요를 유발해 인플레이션 압력을 높일 것이다.

미룰수록 청구서의 비용은 올라간다

미국과 EU, 중국 등 글로벌 경제권 모두에게 기후 환경 관련 정책은 이미 시위를 떠난 화살과도 같다. 주요 선진국들은 2050년까지 탄소중립에 대한 많은 정책적 노력들을 진행해 왔고 그 목표를 착실히 추구하고 있는 상황이다. 선진국은 이미 탄소중립을 위해 공장이나 발전소, 운송수단 등이 배출하는 이산화탄소 양을 줄이고 있고 이를 위해 필요한 산업정책과 발전 및 송배전 체계를 바꾸며 신재생 에너지 비중을 확대하고 있다. 미국은 2020년 기준으로 풍력과 태양광을 비롯한 재생에너지(renewable energy) 발전 비중이 21%로 이미 원자력(19%)이나 석탄(19%)보다 높아졌다.

OECD가 제공하는 탄소생산성(GDP/에너지 관련 탄소 배출량)은 탄소배출 1킬로그램당 달러로 환산한 부가가치 생산 수준을 나타내는데, 2019년 기준 OECD 평균과 EU의 탄소생산성은 5.17과 7.02인데 반해 한국은 3.68에 불과하다. 동일한 부가가치 생산을 위해 우리나라는 EU 대비 약 2배의 탄소를 배출하고 있다는 것이다.

　탄소중립 단계로 향해 가는 과도기 중 탄소배출이 적은 산업으로 산업 구조를 전환하고 신재생 에너지로 발전원을 바꿔가는 과정은 기업들에게 엄청난 부담이다. 그런데 이를 미루면 미룰수록 그 비용과 대가는 점점 더 커진다는 게 문제다. 탄소배출 정점부터 탄소중립까지의 소요기간을 우리나라는 32년으로 잡고 있는데 반해, 일본은 37년, 미국은 43년, EU는 60년을 잡고 있다. 탄소중립 추진 후발국인 우리나라의 부담이 앞으로 더 클 수밖에 없는 이유다.

탄소중립 진행 상황

국가	목표(2030년 기준)	온실가스 배출 정점~탄소중립 소요 기간
미국	2005년 대비 50~52% 감축	43년(2007~2050년)
EU	1990년 대비 55% 감축	60년(1990~2050년)
독일	1990년 대비 50% 감축	55년(1990~2045년)
프랑스	1990년 대비 39.5% 감축	60년(1990~2050년)
영국	1990년 대비 68% 감축	60년(1990~2050년)
한국	2018년 대비 40% 감축	32년(2018~2050년)
일본	2013년 대비 46% 감축	37년(2013~2050년)
중국	2030년까지 탄소배출 정점 2060년 탄소중립 실현 목표	30년(2030~2060년)

자료: UNFCC, 언론보도종합

앞으로 진행될 환경 규제는 각국의 인플레이션을 높이는 요인이다. 기업 입장에서는 탄소배출권 가격 상승과 탄소세 부담, 탄소제로를 위한 공정개선 투자 및 해외 공장이전 등의 관련 비용 발생이 불가피할 것이다. 특히 미국과 유럽 선진국보다 제조업 비중이 높고 국민경제에서 아직 중화학 공업의 역할이 큰 중국과 우리 기업의 관련 비용 증가가 예상된다.

특히 우리나라는 짧은 기간 안에 탄소감축을 추진해야 하므로 기업의 부담이 클 것으로 우려되고, 그로 인한 경쟁력 둔화 위험에 노출될 가능성이 높다. 또한 점점 엄격해지는 국제기준에 따른 수출 애로와 주요 기업의 해외공장 이전, 국내 신규투자 기피, 기존 중화학 공업의 가동률 감축, 경제성장률 둔화라는 혹독한 시련을 맞을 수 있다.

탄소중립으로 향해가는 과도기 중 예상되는 특징은 녹색성장에 지각한 국가일수록 성장 둔화와 비용 상승이라는 가산금을 더 물어야 한다는 점이다. 지구는 점점 뜨거워져서 끓고 있으며(global boiling) 지금 이 순간에도 빙하는 녹고 있고 환경은 일로 악화되고 있다. 거대한 기후 환경 변화는 이미 저물가 체제를 방해하고 세계적 중물가 시대를 앞당기는 역할을 하고 있는지도 모른다. 이러한 부담을 극복하기 위해서는 지금이라도 산업 구조를 기술집약적인 소프트웨어, 고부가가치를 창출하는 서비스업 쪽

2050 탄소중립 로드맵

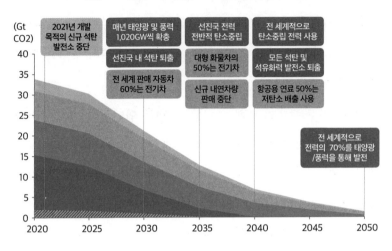

■ 건물　■ 운송　■ 산업　■ 전력 및 난방　▨ 기타

(Gt CO2)

2021년 개발 목적의 신규 석탄 발전소 중단	매년 태양광 및 풍력 1,020GW씩 확충	선진국 전력 전반적 탄소중립	전 세계적으로 탄소중립 전력 사용
선진국 내 석탄 퇴출	대형 화물차의 50%는 전기차	모든 석탄 및 석유화력 발전소 퇴출
전 세계 판매 자동차 60%는 전기차	신규 내연차량 판매 중단	항공용 연료 50%는 저탄소 배출 사용

전 세계적으로 전력의 70%를 태양광/풍력을 통해 발전

자료: IEA Net Zero by 2050

으로 차근차근 분산해 나가야 한다. 또 관련 제도와 법규를 정비해 국가적 지원 아래 재생에너지 사용 비중을 높이고 에너지 믹스 체계를 총체적으로 개선해야 나가는 방법 밖에는 없는 것 같다.

고령화와 생산성 혁명

미국 중심의 세계 유동성 팽창과 각국 정부의 공격적인 재정지출, 분업질서 변화와 달러패권의 지속, 그리고 기후와 환경 변화 문제까지 전 세계 인플레이션 환경은 더욱 더 알 수 없는 곳을 향해 달려가고 있다. 이처럼 인플레이션 바이러스가 전 세계로 퍼져가는 가운데 인구 고령화는 인플레이션에 어떤 영향을 미칠지 의문이 든다.

세계 인구 구조의 변화는 피할 수 없는 엄연한 추세이자 현재 진행형이다. 세계 출산율은 1945년 제2차 세계대전이 끝난 직후 거의 모든 나라가 동시에 높아졌다. 이때의 인구 증가를 '베이비 붐(baby boom)' 현상이라 부른다. 훗날 미국에서는 1946~1964년에 태어난 사람들을 '베이비 부머(baby boomer)' 세대라 불렀고, 일본에서는 1947~1949년에 출생한 사람들을 단카이 세대라 불렀다. 현재 미국에서 베이비 부머 세대(2023년 기준 58~76세에 해당)는 전체 인구의 24%를 차지하고 있다. 한편 인구 대국 중국을 보면 1979년 한 자녀 운동을 시작하기 전(1950~1970년 중반)까지 매년 1,000만 명 이상의 인구가 꾸준히 증가해 이 기간 중 약 3억 명의 인구가 늘었다.

이처럼 출산율 증가로 세계 인구는 1946년부터 1970년대 중반까지 약 30년간 급증했는데 이들이 지금 50~80세의 인구 층(평균 65세)을 형성함으로써 세계 인구 고령화의 중심축을 이루고 있다. 이에 따라 전 세계 65세 이상의 고령 인구는 2020년 7

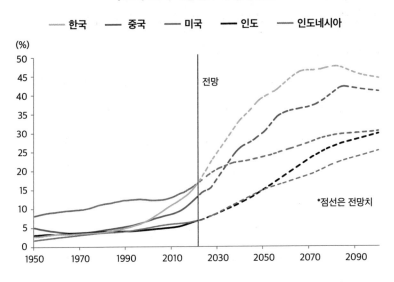

주요국 65세 이상 인구 추이와 전망

── 한국 ── 중국 ── 미국 ── 인도 ── 인도네시아

전망

*점선은 전망치

자료: UN World Population Prospects

억 3,000만 명에서 2050년 15억 5,000만 명으로 8억 명 증가하고, 2060년에는 18억 1,000만 명에 달할 전망이다. 통계청 인구추계에 따르면 우리나라도 65세 이상 인구가 2023년 전체 인구의 18.4%에서 2050년에는 40.1%, 2060년에는 43.8%까지 높아질 전망이다. 국제연합(UN)에 따르면 2022년부터 2060년까지 전 세계 65세 이상 고령 인구는 약 11억 명 증가할 전망인데 이는 미국 인구의 3배, 중국 인구의 77%에 해당하는 어마어마한 규모다.

인구 고령화 추세도 문제지만 이보다 생산연령인구(15~64세)

비중이 줄어드는 게 더 문제다. 전 세계 생산가능인구는 2015년을 정점으로 이미 둔화 추세에 진입했다. 2070년까지 전 세계 생산연령 인구는 꾸준히 감소할 전망이다.

15~64세(부양연령층) 인구와 65세 이상(피부양 노인연령층)의 인구를 비교한 노인 부양 비율을 보면 2020년 기준으로 한국은 21.8%, 미국은 26%, 일본은 48.9%, 중국은 17.3%이다. 문제는 앞으로의 가파른 상승 추세인데 특히 우리나라의 노인 부양 비율은 2050년 72.6%로 치솟아 OECD 평균 43.1%를 크게 상회할 전망이다. 2050년에 미국은 35.9%, 일본은 72.8%, 중국은 44%의 노인 부양 비율이 예상된다. 한국과 중국이 세계에서 가장 빠른 고령화 국가가 되는 반면, 미국과 영국은 상대적으로 완만한 고령화가 예상된다.[42]

일반적으로 인구 고령화는 여러 물가 상승 요인들을 잠재우는 디플레이션 촉진 요소로 알려져 있다. 생산 및 소비여력 둔화와

---

[42] 2050년 한국의 노인 부양 비율 예상치 72.6%는 노인 1명을 부양하는 데 15세에서 64세 미만의 일하는 인구 0.73명(노인 부양 비율을 100으로 나눔)이 필요하다는 뜻과 같다. 생산연령인구 100명당 고령 인구가 지금의 22명에서 2030년에는 30명, 2050년에는 73명이 될 것임을 예고한다. 고령화는 국가 전체의 잠재성장률를 떨어뜨리고 국민경제를 장기 디플레이션의 늪에 빠트릴 수 있는 중대한 위험 요인이다. 급속한 고령화는 조세부담률를 급증시키고, 의료비 부담이 급증하며, 생산인력 부족 사태를 낳고 기업들의 구인난을 가중시키며 생산 차질은 물론 경제가 가야 할 새로운 성장동력까지 잃게 만드는 암초라고 할 수 있다. (『데모테크가 온다』 김경록, 흐름출판, 2021년 참고)

주요 대륙 생산연령인구 구성비 증감 예상

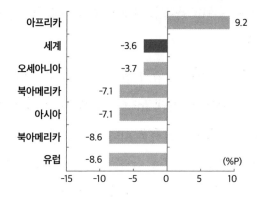

아프리카	9.2
세계	-3.6
오세아니아	-3.7
북아메리카	-7.1
아시아	-7.1
북아메리카	-8.6
유럽	-8.6

(%P)

자료: UN
주: 2022년 대비 2070년 전체 인구에서 생산연령인구(15~64세)의 비중 증감 전망

국가별 노인 부양비율 전망

■ 2020년　■ 2050년

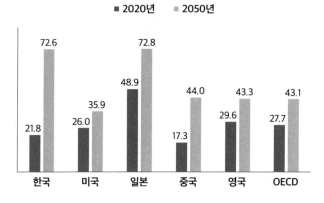

국가	2020년	2050년
한국	21.8	72.6
미국	26.0	35.9
일본	48.9	72.8
중국	17.3	44.0
영국	29.6	43.3
OECD	27.7	43.1

자료: UN
주: 노인부양비율이란 15세에서 64세 인구 대비 65세 이상 인구의 비율 (%)

재정능력 약화는 성장에 부정적이다. 세계은행(2023년)은 인구통계학적 요인이 글로벌 성장률 저하의 절반 이상을 차지한다고 분석하고 있다.

하지만 인구 고령화가 경제 활력을 앗아가는 디플레이션 기능만 있는 것은 아니다. 지난 40년간 세계의 낮은 물가는 중국 등 신흥국의 값싼 노동력이 기여한 바가 컸는데 인구 고령화는 값싼 노동력이 원활하게 공급되기 어렵다는 측면에서 인플레이션 촉발 요인이기도 하다. 전체 인구에서 65세 이상 인구가 1% 증가할 경우 인플레이션 압력이 0.17% 포인트 높아진다는 연구결과

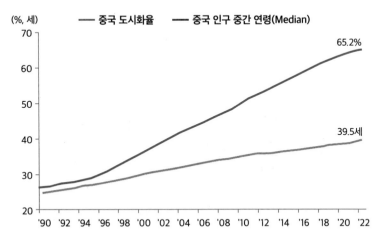

중국의 도시화율과 인구 고령화 추이

자료: 중국 국가통계국, 미국 인구통계국

도 있다. (하나금융 경영연구소, 2022년 자료) 인도, 인도네시아, 베트남 등의 경우, 인구도 젊고 산업화도 빠르게 진행되고 있지만 아직 중국을 완전히 대체할 정도는 아니다.

명실공히 세계 최대의 공장 역할을 해 온 중국의 경우, 생산 인구가 정체되며 저임금의 장점이 점차 사라지고 있다.[43] 그간 중국의 성장을 이끌었던 광둥 지방의 경우 2021년까지 10년간 민간 부문의 임금이 2배 넘게 폭증했다. 물론 중국의 이러한 인구 구조 변화와 임금 상승이 세계 인플레이션에 당장 막대한 영향을 주는 것은 아니다. 특히 중국정부는 국토의 균형발전과 일자리 창출을 위해 생산 비용이 저렴한 내륙 개발에 박차를 가하고 있기에 중국발 글로벌 인플레 부담은 장기적 이슈다. (중국은 앞으로 수년간 내륙도시 전체가 거대한 수출 공장이 되어갈 것이다. 내륙과 서부는 광활한 국토와 싼 임금으로 아직 제조업 생산기지로 활용될 여지를 충분히 갖고 있다.)

하지만 중국 내륙 역시 앞으로 인건비가 오를 것이고 중국 인구 전체가 늙어가고 있으므로 세계 물가 안정에 중국의 제조업이 기여하는 정도는 지금보다는 점점 줄어들 것이다. 또한 중국을 비롯한 신흥국의 은퇴자가 노동인구 100명당 11명에서 18명으

---

43   『인구 대역전』 찰스 굿하트(Charles Goodhart)·마노즈 프라단(Manoj Pradhan), 생각의 힘, 2021년

로 높아지는 2013년부터 2033년은 선진국 베이비붐 세대 또한 대부분 은퇴하는 시기여서 앞으로 10년은 전 세계적으로 숙련된 노동력이 부족해지는 시기라고 본다.[44]

아울러 고령화와 잠재성장률[45] 둔화로 생산 측면의 자원 소비는 줄더라도 소득수준 향상과 기호 변화로 각종 육류, 과일, 커피, 와인, 건강식품 및 의료 소비는 지금부터 본격적으로 늘 것이다. 한가지만 더 첨언하면 고령화는 해당 국가의 재정을 악화시키고 국가부채 증가와 공적연금의 조기 고갈 문제를 일으킨다. 2023년 11월 국제통화기금(IMF)은 연례 협의보고서를 통해 한국의 현행 국민연금 제도가 그대로 유지될 경우 2075년경에는 공공부문의 부채(중앙정부 부채만 포함)가 GDP 대비 200% 수준까지 늘어날 것으로 전망했다. 국가부채 증가는 재정의 경기 대응력을 떨어뜨리고 국채 발행을 늘려 실물 온도에 비해 상대적으로 높은 금리를 형성시킴으로써 소비와 투자 둔화 등 경제 전반에 부담을 줄 수 있다. 이처럼 인구 고령화는 국민경제의 장기 활력을 떨어뜨

---

44 『주식에 장기투자하라』 제러미 시겔, 이건 옮김, 이레미디어, 2020년
45 한 나라의 노동과 자본 등 생산요소를 모두 투입해 인플레이션 등의 부작용 없이 최대로 이뤄낼 수 있는 성장률을 뜻한다. 마라톤 경주에 비유하면 선수가 42.195km를 완주할 수 있는 최대 역량이라고 할 수 있다. OECD는 한국의 잠재성장률이 향후 1.7% 아래로 떨어질 것으로 전망했는데 그 주요인을 저출산, 고령화로 인한 노동력 감소 때문으로 분석했다.

리는 동시에 물가와 금리에 부담을 주는 양면적인 성격을 내포하고 있다.

그런데 앞으로 국가마다 인구 변화에 차이가 커서 경제의 특성 차이도 자연스럽게 커질 전망이다. 2050년까지 세계인구 약 20억 명의 증가분 가운데 절반인 10억 명은 남아프리카 지역에서 나올 전망이며 중앙아시아와 남아시아(5억 명), 그리고 북아프리카와 서아시아(2억 4,000만 명)가 그 나머지 인구 증가분에 기여할 전망이다. 물론 인구 증가만이 경제에 우호적인 요인이 될 수는 없으나 단순히 인구 변화로만 볼 때 가장 매력적인 지역은 아프리카 대륙과 중앙아시아가 될 것이다.

나라별로는 2050년까지 중국, 인도, 나이지리아, 콩고, 에디오피아, 탄자니아, 인도네시아, 이집트, 미국 등 9개국이 세계인구 증가를 주도할 전망이다. 한편 2020년에서 2050년까지 세계 생산가능인구(15~64세)는 10억 6,000만 명 늘어날 전망인데, EU지역 4,000만 명 감소를 비롯해 일본(2,100만 명 감소), 중국(1억 9,000만 명 감소), 한국(1,100만 명 감소) 등은 거꾸로 줄어들 전망이다.[46] 독보적으로 낮은 노인부양 비율(인구 고령화율)을 지닌 인도(10.1%)

의 인구는 드디어 2023년에 중국을 추월했다. 베트남도 25~34세 인구가 전체 인구 중 가장 높은 비중을 차지할 정도로 젊은 국가다. 인구가 젊고 핵심 원자재까지 다량 보유하고 있는 신흥국의 경우 앞으로 상당 기간 높은 명목 성장률을 달성할 기본 요건을 갖춘 셈이다. 이들 국가 중 무역수지와 환율도 안정될 가능성이 높은 인도와 인도네시아, 베트남 등은 주식과 채권 모두 중장기 투자 유망한 신흥국 후보라고 할 수 있다. (물론 신흥국 자산시장은 선진국 시장보다 불확실성이 크고 신뢰성이 약하며 돌발 위험도 잠재하고 있기 때문에 조심스럽게 적립식으로 투자하는 것이 좋다.)

고령화 물결은 경제와 투자, 비즈니스에도 많은 시사점을 던져 준다. 인구 고령화에 대한 예측은 거의 틀릴 확률이 낮은 메가 트렌드이고 단기에 잠깐 관심을 두고 말 주제도 아니다. 고령화는 나라별로 차이가 크고 또한 비슷한 고령화 국가라고 해도 이를 극복하는 나라와 그렇지 못한 나라의 경제는 점점 격차가 커질 것이다. 즉 같은 고령화 국가라 해도 어떤 나라는 적절한 성장 동력과 혁신을 통해 생산 차질과 성장 둔화라는 약점을 극복해 갈 것이고, 또 어떤 나라는 고령화에 묻혀 국민경제가 점점 더 깊은 디플레이션의 늪에 빠질 것이다.

고령화와 생산성 혁신은 동전의 앞뒷면과도 같다. 한 나라의 잠재성장률은 노동과 자본 투입, 그리고 요소 생산성으로 구성되는데 성숙된 경제는 인구 구조의 약점을 극복하면서 생산성을 개선하지 않으면 성장할 수 없다. 따라서 앞으로 고령화 국가일수록 고령자와 여성의 생산활동을 적극 장려 지원하고 다양한 스펙의 이민자를 받아들이고 생산성을 개선하는 데 총력을 기울어야 한다. 또한 혁신 산업을 중심으로 국민경제 전체가 효율적 생태계를 구축해야만 한다.

고령화 관련 산업에서의 경쟁우위 선점은 기업이나 국가 모두에게 중요한 과제다. 고령화 관련 산업은 잠재수요가 큰 유망 산업이면서 동시에 한 국가에 주요 보건·복지·후생 산업이자 정부의 건강보험 재정과도 직결된 산업이기 때문이다. 고령화 관련 산업에 경쟁력을 갖춘 나라는 수출 호황을 누리는 동시에 국민의 삶의 질도 높일 수 있다는 점에서 일거양득이다.

대표적 고령화 관련 산업으로는 원격진료, 간호 및 수술 로봇, 유전자 치료, 성형 미용, 탈모, 치과의료 기기, 건강기능 식품 등 고령화 친화 산업을 들 수 있다. 골관절염 및 디스크 치료제, 고혈압, 당뇨, 치매, 알츠하이머, 유전자, 비만 치료제 가운데 혁신적 블록버스터가 나올 수 있다. 한 걸음 더 나아가 기업이 생산가능 인력 부족으로 인한 생산 차질을 극복하고 생산성을 높이는 데 필요한 핵심 산업으로는 인공지능과 로봇, 공장 자동화와 물류 자동화 산업 등을 꼽을 수 있다.

M o n e y   S t o r m

제3부

자산시장, 변화의
길목을 지켜라

제3부에서는 앞선 1부와 2부에서 다룬 거대한 유동성 포퓰리즘과 세계경제의 프레임 변화를 기반으로 앞으로 자산시장에서 일어날 일들과 각 자산군별 흐름을 조망하고자 한다.

전 세계적으로 통화 유동성이 위축되기는커녕 여전히 자금 잉여가 남아돌 경우 각 자산시장은 앞으로 어떤 흐름을 보일까? 특히 유동성 요인과 분업질서의 변화, 기후와 환경 변화 등으로 인해 앞으로 수년간 물가와 이자율이 우리가 그간 경험했던 장기 평균보다 높은 수준에서 움직인다면 채권과 주식, 원자재 및 부동산 시장은 어떤 반응을 보이고 또 어떻게 흘러갈지, 그 질문에 대한 답과 투자 솔루션을 찾는 데 초점을 두었다.

자산시장 패러다임의 변화

아무리 돈을 찍어도 물가가 오르지 않는 세상과 그렇지 않은 세상이 있다면 우리는 어디에서 더 살고 싶어할까? 1945년 제2차 세계대전 이후 약 40년의 기간과 이후 1980년대 초반부터 최근까지 약 40년의 기간은 물가와 금리 측면에서 완벽한 대조를 이룬다. 전자는 인플레이션을 동반한 성장 시대였고, 후자는 물가와 금리가 추세적으로 낮아지는 성장 시대였다.

다음 그림에서 박스로 표시한 부분을 통해 볼 수 있듯이 제2차 세계대전부터 1982년까지 경기침체 국면이 총 8차례 있었지만 1983년부터 최근까지는 4번에 불과했다. (코로나19로 인한 경기침

미국 물가와 국채 금리의 장기 추세

—— 미국 소비자물가 (YoY%)　　—— 미국국채 10년물 (%)

자료: FRB
주: 음영은 경기침체 기간을 의미. 물가와 금리는 각 연말 기준
　박스친 국면은 최근 40년과는 달리 물가와 금리가 장기간 올랐던 기간(1945~1982년)

체까지 포함) 경기침체 지속 기간을 봐도 2008년 금융위기 때를 제
외하고는 최근 40년간 있었던 침체 기간(음영의 길이)은 그전에 비
해 상대적으로 짧은 특징을 보였다.

　1980년대 초반을 기준으로 이전과 이후의 가장 큰 차이는 소
비자물가(특히 근원소비자물가)의 방향성과 진폭이다. 1970년대까지
는 경기가 좋았을 때 물가도 크게 올랐던 반면, 그 이후에는 경기
가 좋을 때에도 물가는 오히려 안정세를 보이거나 제자리에 머물

렸던 것이 가장 큰 차이점이다. 요컨대 1980년 이후 최근까지 40년간은 물가가 계속 낮아지는 가운데 경기침체 기간은 짧고 경기호황은 길었던 시절이었다. 물론 이 기간 중에도 크고 작은 물가파동이 여러 차례 있었지만 물가의 장기 하락추세 자체가 변한 것은 아니었다. 미국국채 10년 만기 유통수익률 등 각국의 장기금리 또한 1980년대 초를 기준으로 그 이전과 이후가 확연히 다른 모습을 보였다. 좀 더 자세히 살펴보면 1983년 이전에는 모든 경기확장 국면(차트에서 음영이 아닌 모든 구간)에서 금리가 크게 튀었지만 1983년 이후부터는 경기확장 기간에도 금리가 하락하며 안정되는 경우가 많았다. 이는 1980년대 이후 물가를 결정하는 요인에 근본적인 변화가 있었음을 시사한다.

1980년대 초반을 기준으로 대체 무슨 일이 있었기에 이렇게 물가 차이가 확연했던 것일까? 사실 그 이유에 대해서는 제2부의 '유동성과 세계경제 프레임의 변화'에서 상세히 다뤘고 앞으로의 전망까지도 함께 나눴다. 오랜 세월 우리가 너무나 당연시 여겼던 물가와 금리의 안정 추세는 여러 요인들이 복합적으로 어우러진 결과였고 우리는 당시 그것을 그 이전 추세와 구분해 나름 패러다임 변화라고 불렀다. 그리고 지금은 그것을 또 다시 뒤집는 새로운 패러다임 변화가 일어나고 있는 것이다.

만약 지난 40년간 지구촌 물가가 계속 오르는 추세였다면 통화정책과 시장 이자율은 완전히 달라졌을 것이다. 연준을 비롯해 세계 많은 중앙은행들은 결코 금리를 마음놓고 내리지 못했을 것이고, 경기를 살리기 위해 중앙은행이 금리를 잠시 내릴 수는 있었겠지만 물가 때문에 얼마 안 가 금리를 재빨리 올리고 말았을 것이다. 그리고 이런 패턴이 반복되면서 빈번하게 이뤄진 통화긴축은 시장금리를 추세적으로 밀어 올렸을 것이다.

지난 40년간 물가와 기준금리, 시장금리가 모두 상승추세였다면 전 세계 자산시장은 전혀 다른 모습을 보였을 것이다. 특히 2008년 이후 보편화된 이지머니[47]는 차입금리가 낮아 자산시장 전반에 활력을 불어넣었으며 기업들로 하여금 효율성이 낮더라도 투기적이거나 시간이 오래 걸리는 프로젝트에 투자하도록 장려했다. 일부 학자들은 단지 금리가 낮다는 이유만으로 촉진되는 건설 호황을 후일 공급과잉과 재고 더미를 불러오는 가장 대표적인 '부적절한 투자(malinvestment)'로 지목하고 있다.[48]

---

47 이지머니(easy money)는 타이트머니(tight money)의 상대어로 자금 수요에 비해 공급이 원활해서 경제 주체들이 자금을 쉽게 조달할 수 있는 금융환경을 말한다. 중앙은행이 민간기업의 투자활동을 자극하고 소비를 진작하기 위해 이자율을 내리고 공개시장에서 국채나 기타 유가증권을 직접 매입하는 등 싼 자금을 공급하는 정책을 '이지머니 정책'이라고 한다.

48 『금리의 역습』 에드워드 챈슬러, 임상훈 옮김, 위즈덤하우스, 2023년. 원 출처는 William White, 'Ultra Easy Money Policy and Low of Unintended Consequences', Federal Reserve Bank of Dallas, Working Paper (August 2012)

우리의 시선은 지난 40년 중에서도 특히 2008년 글로벌 금융위기 이후로 맞춰진다. 최근 10여 년은 그 이전에 비해 더 낮은 물가와 더 낮은 금리가 지속된 기간이었고 예전에는 볼 수 없었던 기발한 이지머니 정책이 펼쳐졌던 시기였기 때문이다. 그야말로 이 시기는 유동성 르네상스, 유동성 포퓰리즘으로 불리기에 충분한 시기였고 이 기간 중 자산시장은 극 호황을 누렸다.

2008년 금융위기를 극복하는 과정에서 벤 버냉키(Ben Shalom Bernanke)[49] 전(前) 연준 의장은 제로금리와 양적완화 정책을 시행했다. 연준은 2011년까지 두 차례의 양적완화 정책을 펼치면서 색다르면서도 혁신적인 사이드 메뉴를 곁들였다. '포워드 가이던스(Forward Guidance)'를 통해 앞으로 더 낮은 금리를 유지하겠다는 신호를 민간에 보냄으로써 더 많은 대출과 위험한 투자를 유도하는 정책을 펼쳤고, '오퍼레이션 트위스트(Operation Twist)'[50]를 통해 장기국채 금리를 인위적으로 낮춰 은행들로 하여금 대출을 보다 촉진하도록 유도한 것이다. 이러한 적극적인 금융완화 정책

---

49 제14대(2006.02~2014.01) 미국 연방준비제도이사회 의장을 역임했고 2022년에는 노벨 경제학상을 수상했다. 대표 저서로는 『행동하는 용기』 등이 있다.

50 장기국채를 매입하고 동시에 같은 금액의 단기국채를 매도해 장단기 금리를 비트는(트위스트) 연준의 공개시장 운영(오퍼레이션)정책을 말한다. 이 정책은 은행 시스템 내부의 화폐량을 늘리지 않으면서도 투자자들이 장기국채에 돈을 묻어두고자 하는 동기를 없앰으로써 대출과 투자를 촉진하는 효과가 있다. 이 정책은 2011년 말에 처음 시작해 2012년까지 지속됐다.

에도 불구하고 연준이 2012년 가을에 3차 양적완화를 시행할 때까지도 미국경제는 여전히 취약했고 실업률은 8% 부근에 머물렀다. (2009년 10%의 고점에서 살짝 낮아지긴 했지만 여전히 높은 실업률에서 완전히 벗어나지 못했었다.) 이에 당시 연준 의장이었던 벤 버냉키는 일부 FOMC 위원들의 우려와 반대에도 불구하고 2012년 9월부터 3차 양적완화를 단행했다.[51]

미국 연방준비제도의 양적완화 기록

구분	기간	세부 사항
1차 양적완화 (QE1)	2008년 11월 ~ 2010년 3월(18개월)	1조 6,500억 달러 -기관채 1,000억 달러 -MBS 1조 2,500억 달러 -장기국채 3,000억 달러
2차 양적완화 (QE2)	2010년 11월 ~ 2011년 6월(8개월)	장기국채 6,000억 달러 (매월 750억 달러 매입)
3차 양적완화 (QE3)	2012년 9월 ~ 2014년 10월(26개월)	4조 5,000억 달러 -MBS 매월 400억 달러 매입 -장기국채 매월 450억 달러 매입
4차 양적완화 (QE4)	2020년 3월 ~ 2022년 3월(25개월)	-기관채 매월 800억 달러 매입 -MBS 매월 400억 달러 매입

자료: FRB
주: QE(quantitative easing, 양적완화)는 중앙은행이 시중에 통화를 직접 공급해 신용경색을 해소하고 경기를 부양시키는 통화정책을 말함

---

51   『돈을 찍어내는 제왕』 연준, 크리스토퍼 레너드, 김승진 옮김, 세종서적, 2023년

당시 미국경기는 2009년 3분기를 저점으로 회복 기미를 보였으나 기업 활동과 고용, 소비지표 등을 종합적으로 고려했을 때 제대로 경기가 이륙한 것은 2012년부터였다. 주가도 2013년에 들어서야 비로소 2008년 서브프라임 사태 직전에 찍었던 고점을 재돌파할 수 있었다. 연준의 노력이 결실을 맺고 금융위기 후유증에서 완전히 벗어난 시기를 이때로 보는 게 맞을 것이다. 2012년 초 8.3%였던 미국의 민간실업률은 2020년 2월 팬데믹 직전까지 3.5%의 완전고용 수준으로 계속 낮아졌다.

결과적으로 미국은 2007년 말부터 2009년 6월까지의 금융위기발 경기침체를 딛고, 2009년 하반기부터 코로나19 시작 직전인 2020년 2월까지 전후(戰後) 가장 긴 경기확장을 누렸다. (경기침체와 확장 기간은 전미경제연구소, 즉 NBER의 사후적 진단에 따름) 헬리콥터 머니[52]로 불린 전 연준 의장 벤 버냉키의 초완화적 통화정책과 장기간 물가 안정(2010년부터 2020년 2월까지 미국의 근원 개인소비지출, 즉 PCE 평균은 1.6%에 불과했음)의 환상적인 조합은 특히 주식시장을 뜨겁게 달궜다. 물론 이 기간 중 기업이익도 좋았고 많은 기업들이 낮은 금리로 돈을 빌려 시장에서 자사주를 적극 사서 소각함으로

---

52 헬리콥터 머니는 중앙은행이 경기 부양을 위해 대량으로 시중에 자금을 푸는 것을 비유적으로 표현한 것이다. 헬리콥터에서 돈을 뿌리듯 통화공급을 늘린다 해서 이렇게 부른다.

써 주주 가치를 높이는 데 인색하지 않았기에 주가도 더 탄력을 받을 수 있었다.

2010년부터 약 10년간 진행된 이 놀라운 저물가, 저금리, 실물경제 호황, 기업이익 호조라는 네 개의 엔진은 당연히 사상 유례없는 자산시장 호황을 이끌었다. 이로써 미국 국민의 보유 순자산(자산에서 부채를 뺀 값)은 2008년 10월 약 6조 달러에서 2022년

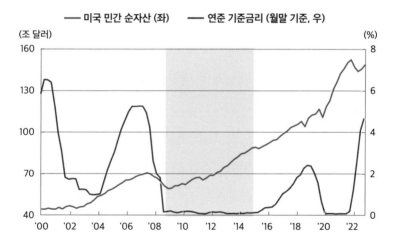

미국 연방준비제도 기준금리와 민간 순자산

—— 미국 민간 순자산 (좌)　　—— 연준 기준금리 (월말 기준, 우)

자료: FRB

주: 음영 부분은 연준이 제로금리를 유지한 2009년부터 2015년까지를 표시한 것이다. 연방기금 실효금리는 2016년 말까지도 계속 0.4%에 머물고 있었고 이후 소폭 올랐지만 2019년 4월까지 2.5%를 넘지는 않았다. 중요한 사실은 장기간 제로금리와 막대한 양적완화에도 불구하고 2012년에서 2019년 사이의 소비물가 평균이 고작 1.44%로 연준의 목표치보다 계속 낮게 유지됐다는 점이다. 이 점이 자산시장 호황을 지지한 원동력이 됐던 것으로 평가된다.

에는 15조 달러로 약 2.5배나 증가했고 이러한 가계자산 증가는
소비 증가로 이어졌다.

양적완화는 재현될 것인가

그렇다면 이제 우리는 두 가지 의문에 부딪힌다. 첫째는 과연
연준이 2009년 이후 시행했던 제로금리 정책과 양적완화 정책
을 그럴 필요성이 있을 때 언제라도 다시 재현할 수 있는가에 대
한 의문이고, 둘째는 지난 10여 년간 풀린 막대한 유동성 더미가
더 이상 세계경제와 금융시장에 아무런 영향을 주지 않고 유령처
럼 쫓아다니지도 않을 것인지에 대한 궁금증이다. 이에 대한 답
을 예측해 보려 한다.

첫째로 2010년 이후 전 연준 의장 벤 버냉키가 주도했던 제
로금리와 유동성공급 정책은 정말 대형 금융위기나 역대급 경기
침체가 오지 않는 한 어지간해서는 되풀이되기 어려울 것이다.
왜냐하면 아직도 그 부작용에 대한 논란이 남아있고 팬데믹 때
풀어놓은 유동성조차 다 회수되지 않은 상태이기 때문이다. (연준
의 보유자산 규모를 보면 알 수 있다.) 더욱이 앞으로 장기 인플레이션과

제3부 · 자산시장, 변화의 길목을 지켜라

중립금리[53]가 가파른 통화 팽창이 있었던 지난 2010~2020년보다 높아질 가능성이 있고 미국경제의 놀라운 복원력과 강한 성장 잠재력, 재정지출 확대는 연준으로 하여금 예전보다 신중한 통화정책을 요구할 가능성이 높기 때문이다.

물론 연준은 물가만 잡히면 금리를 내리고 양적긴축을 멈추는 등 완화정책을 펼치겠지만 2009년에서 2015년까지의 제로금리 정책이나 잇따른 양적완화 정책 같은 초 완화적 스탠스로 돌아가기는 힘들 것으로 보인다. 물가 목표를 달성했다고 연준이 금리를 큰 폭으로 내릴 경우, 물가가 예전처럼 고분고분하게 있지 않고 인플레이션이 고개를 쳐들 수 있기 때문이다.

둘째, 앞으로 경기상황에 따라 달라질 문제겠지만 지난 10여 년간 풀린 통화는 그 규모로 볼 때 물가에 대한 영향력이 아직 남아 있다는 판단이다. 왜냐하면 1990년부터 2023년까지 33년간 풀린 미국 총통화의 75.4%가 2008년 이후 지난 15년간 증가한 점도 놀랍지만, 2008년부터 2023년까지 15년간 증가한 미국 총통화의 41%가 2020년 3월 이후 불과 2년 남짓했던 팬데믹 기간

---

53   중립금리는 한 나라의 경제를 위축시키거나 과열로 몰고 가지 않는 금리로 '자연금리(Natural Rate)'라고도 한다. 즉 노동과 자본 등 모든 생산요소를 투입해 최대로 달성할 수 있는 잠재성장률 상황에서의 물가 수준이다. 스웨덴 경제학자 크누트 빅셀(Johan Gustaf Knut Wicksell)의 이자율 이론에서 발달한 개념이다.

중에 늘어났기 때문이다. 이는 병 밖으로 나온 달러 유동성의 활동성이 최근에 이를수록 더 커져 있음을 뜻한다. 통화가 팬데믹 기간 중 매우 가속적으로 증가했고 GDP 대비로도 급증했다는 것은 통화의 물가에 대한 영향력이 여전히 남아있을 가능성을 시사한다. 연준의 대차대조표 확대 추세도 이와 비슷한 판단을 뒷받침해 준다.[54]

통화 팽창의 순기능과 역기능

이러한 점들을 고려할 때 통화정책과 연계해 앞으로 자산시장을 조망하는 데 있어 보다 중요한 포인트는 통화 팽창이 위험자산에 미치는 순기능과 역기능에 관한 것이다. 지금까지는 통화 팽창이 물가와 금리를 크게 끌어올리지 않아 통화량 증가가 오롯

---

54 연준의 보유자산을 보면 연준이 금융 시스템에 얼마나 많은 돈을 직접 공급했는지를 알 수 있다. 연준은 2012년부터 2014년에 걸쳐 3차 양적완화를 추진했는데 당시 연준은 그들의 자산이 3.5조 달러 수준에서 계속 유지되다가 채권 매입이 끝나는 2019년부터는 2조 달러 밑으로 내려올 것으로 내다봤다. 하지만 연준의 대차대조표는 생각과는 달리 훨씬 빠르게 팽창해 2016년 4.5조 달러를 찍었고, 이후 코로나19 때 또 한 번 급증해 2022년 약 9조 달러에 달했다가 2023년 11월 에는 최고점에서 조금 줄어든 7조 8,000억 달러를 기록했다. (『돈을 찍어내는 제왕(연준, 크리스토퍼 레너드, 세종서적, 2023년)』과 연준 통계를 참조해 작성함)

이 자산시장에 우호적으로 작용해 왔다. 즉 유동성 팽창이 실물 쪽 인플레이션으로 가기보다는 주로 자산시장 쪽 인플레이션으로 갔기 때문에 주식, 부동산과 같은 위험자산 시장이 더 많이, 또 더 오래 오를 수 있었다. 그래서 1980년대 이후 세계경제는 오히려 자산시장 과열이 실물 인플레에 영향을 미쳤고 과열된 자산시장이 붕괴되면서 경기침체가 뒤따라오는 경우가 많았다.

하지만 앞으로도 이런 구도가 지속되리란 보장은 없다. 2008년 금융위기 이후 급증한 통화량과 코로나19를 거치면서 다시 한번 폭증한 유동성은 앞으로 경기확장 국면에서 물가와 금리를 더 쉽게 자극하고, 경기침체기에는 예전보다 훨씬 덜 완화적인 통화정책을 이끌 수 있다는 것이다. 요컨대 앞으로는 지난 시절 뿌려놓은 유동성의 씨앗이 실물 인플레와 자산 인플레에 골고루 작동할 가능성이 높다. 제2부에서 다룬 여러 세계경제 프레임의 변화와 인플레이션 환경 변화가 그 주된 이유다. 경기나 기업 실적의 질이 썩 좋지 않거나 정부가 지나치게 확장적 재정정책을 펼칠 때, 혹은 공급 측면의 원자재 인플레가 불거지기라도 하면 실물 인플레가 자산 인플레보다 훨씬 더 크게 나타날 수 있다.

물가와 금리가 너무 가파르게 올라 금융시장의 경색 현상이 나타나는 경우엔 자산시장이 타격을 받고 자칫 자산 디플레이션 (자산가격 하락)이 길어지는 경우도 있을 것이다. 또 채권시장에서 이자율이 평균적으로 높아지면 아무리 실물경제와 기업실적이 양호해도 예전보다는 위험자산의 장기 평균 수익률이 낮아질 것이다.

이래저래 저물가 저금리 우산 아래 마냥 좋은 것만 누려왔던 시절이 지나가고 있는 분위기다. 실물 인플레와 자산 인플레가 서로 따로 놀던 시대에서 이 둘이 가까워지고 심지어는 역전까지

지난 2010년대와 앞으로의 자산시장 환경 비교

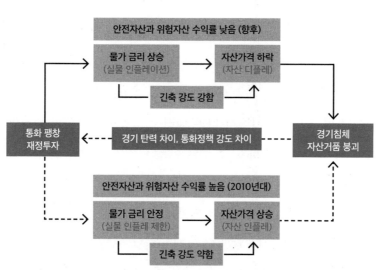

주: 1980년대 이후 약 40년간 자산시장은 위 그림의 하단 경로를 밟아 온 반면, 앞으로는 상단의 경로를 따라갈 것으로 보임
　　도표에서 향후 안전자산 수익률이 낮다는 것은 금리의 하락폭이 예전보다 낮거나 금리가 상승할 것임을 뜻함. 점선은 영향력이 적음을 표시

된다면 이는 지난 수십 년간 우리가 정상(normal)으로 여겼던 자산시장과는 거리가 먼 낯선 모습이 아닐 수 없다. 이런 환경에서는 위험자산의 변동성이 커지고 안전자산(우량채권)의 역할이 좀더 중요해질 것이다. 의미 있게 높아진 이자율 덕분에 전체 자산관리가 좀 더 편해지고 자산 포트폴리오의 수익률이 안정되는 긍정적인 측면도 있을 것이다.

인플레 시대의 채권투자: 우량채권 유망

화폐는 기원전 8세기에 처음 만들어진 것으로 알려져 있지만 신용거래에 의한 대출이자(금리)는 화폐보다도 2000년이나 앞서 바빌로니아 사람들이 수레바퀴를 발명한 때부터 통용된 것으로 알려져 있다. 수메르 달력은 한 달 30일, 한 해 12개월로 이루어져 있고 시간, 거리, 무게, 돈 등을 모두 60을 기준으로 측정함으로써 이자를 계산하는 데 필요한 시간과 가치를 표준화했다. 기원전 1750년경에 탄생한 인류 최고(最古)의 법전인 함무라비 법전에서 이자에 대한 규제가 중요하게 다뤄졌다는 사실은 매우 흥미롭다.[55] 아무튼 이자율(금리)은 돈이나 예금 등을 일정 기간 빌리는 대가로 지불하는 보상의 화폐적 표현이다. 그런데 이 금리에는 항상 불확실성, 즉 위험이 반영되는데 그 대표적인 불확실성이 바로 인플레이션이다. 돈을 빌리는 동안 화폐가치가 달라질 수 있기 때문이다. 미국의 경제학자 어빙 피셔[56]는 명목금리를 실질금리와 기대인플레이션의 합으로 깔끔하게 규정했다.

이때 실질금리는 돈을 빌려주는 사람이 받고자 하는 기회비용(자신이 그 돈의 사용을 포기하는 것)에 대한 보상인데 경기의 강약, 즉 경기순환에 따라 변한다. 한편 기대인플레이션은 돈을 빌려주는 사람이 최소한 손해를 보지 않으려는 마지노선을 뜻하는데 이 역시 실질금리와 마찬가지로 경기에 영향을 받는다. 앞으로도 실질금리와 기대인플레이션, 즉 명목금리는 경기 변동에 영향을 받을 것이다. 여기서 특히 기대인플레이션은 단기 등락보다 추세가 중요하다.

채권은 매매가 가능한 유가증권이기 때문에 기대되는 '자본이득'에 따라 채권을 사고팔 수 있다. 현재의 명목금리가 기대인플

---

55 『금리의 역습』 에드워드 챈슬러, 임상훈 옮김, 위즈덤하우스, 2023년

56 어빙 피셔(Irving Fisher)는 미국의 경제학자로 계량경제학의 창시자 중 한 사람이다. 경제를 분석함에 있어 수학적 방식을 도입했고, 피셔 방정식으로 알려진 화폐 수량설을 제시했다.

레이션보다 높은 경우에도 향후 금리가 올라 자본 손실이 예상된다고 믿는다면 채권을 팔 수 있다.[57] 기대인플레이션이 오르는 추세이거나 더 높은 레벨에서 변동할 것으로 예상된다면 돈을 빌려주는 사람은 최소한의 손해를 보지 않으려 할 것이고 자본손실을 우려해 시장에 채권을 내다 팔려고 할 것이다. (금리 상승) 여기에 통화정책과 재정정책이 경기의 진폭마저 키운다면 금리의 변동폭은 좀 더 커질 수 있고, 확대재정으로 국채 발행량이 계속 늘어난다면 채권시장에서 국채금리는 예전보다 더 쉽게 오를 것이다.

경기 변동이든 다른 요인 때문이든, 앞으로 금리 변동에는 아무래도 물가가 가장 큰 역할을 할 것이다. 지난 40년간은 낮은 물가 덕택에 중앙은행들이 실물경기에 비해 통화를 넉넉하게 풀고도 시장금리가 비교적 낮게 유지됐지만 앞으로는 금리가 이보다 높은 레벨에서 움직일 가능성이 커 보인다.

앞으로 이자율이 예전과 달리 쉽게 오른다면 그 이유는 아이러니하게도 지난 40년간 저금리와 높은 유동성 환경에도 불구하고 물가가 거의 오르지 않았기 때문이다. 즉 저물가에 힘입어 통화량과 신용이 별 저항 없이 틈틈이 팽창해 쌓인 결과 인플레이

57   『나의 첫 채권투자 교과서』 최석원, 한스미디어, 2023년

미국 소비자물가와 기준금리 추이

— 미국 소비자물가 (%)　　— 미국 기준금리 (%)

자료: FRB

주: 음영은 소비자물가의 피크 국면을 나타낸다. 기준금리를 올리면 국면마다 시차는 달랐지만 예외 없이 물가는 잡혔다.

션 압력이 커진 점을 주목할 필요가 있다. 누적된 유동성은 앞으로도 경기호조와 만날 때마다 자산가격 상승을 도울 것이고 이는 임대료 상승 등을 통해 실물 인플레이션으로 일부 전가될 것이다. 또한 주기적으로 발생한 신용(부채)거품이 자산거품을 붕괴시키고 신용거품이 터진 다음엔 또 다시 통화량이 증가하는 패턴이 앞으로도 지속될 것이다. 이런 과정이 반복될수록 국가와 기업, 가계의 신용은 그들이 갚을 수 있는 한계선을 넘어서기 쉽고, 이는 앞으로 국채나 회사채 발행 규모를 키워 구조적인 금리 상승 요인으로 굳어질 것이다.

한편 고령화에 따라 앞으로는 연기금의 채권 만기구조가 더 짧아져 장기채 매도 압력이 커질 것이므로 이 또한 금리 상승 요 인으로 작용할 것이다. 또한 기축통화국인 미국의 정부부채와 재 정적자는 앞으로도 계속 커지는 데 반해, 주변국들이 미국국채를 사줄 수 있는 여력은 점차 줄어들고 있어[58] 세계 표준금리인 미 국국채 금리는 점점 더 상승 압력에 노출될 것이다. (국가별 미국국 채 보유 금액과 중국의 미국국채 보유 금액이 둔화되고 있음, 다음 장 그래프 참고) 특히 장기 인플레이션의 평균값이 오르고 실질 중립금리[59]가 추 정치보다 더 높아지거나 만기가 긴 장기채에 기간 프리미엄[60]이 더 많이 붙는다면 만기 10년이나 30년인 장기 국채금리가 4.5% 에서 5.5% 사이에서 움직여도 전혀 이상할 게 없다는 견해가 최

---

58   독일이나 일본, 중국, 기타 신흥국 등 제조업 강국들의 무역수지 흑자 규모가 축소되면 그 여파로 이들 국가의 미국국채 매입 여력이 줄어들 수밖에 없다. 즉, 그동안 과잉저축을 지닌 국가들이 과 잉소비 국가인 미국의 국채를 사주는 규모가 줄어들 것으로 예상된다. 물론 이러한 상황은 앞으 로 시간을 두고 천천히, 하지만 꾸준히 일어날 것이다.

59   실질 중립금리는 물가에서 중립금리를 차감한 값을 말한다. 현재 연준은 2.5%를 명목 중립 기준 금리로 보고 있다. 따라서 가령 물가가 3%라면 실질 중립금리는 0.5%이다.

60   채권시장을 둘러싼 미래의 불확실성에 대한 채권자의 보상 요구로, 만기가 긴 채권에 추가로 요 구되는 금리 수준을 뜻한다. 즉 장기 채권을 보유하는 데 따른 위험을 반영한 보상이다. 만기가 긴 장기채권일수록 단기채에 비해 만기까지 인플레이션이나 정책 변화 등 불확실성에 더 오랫동 안 노출되기 때문에 단기채에 비해 보다 높은 이자가 요구된다.

국가별 미국국채 보유 금액 추이

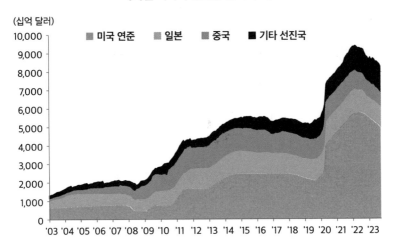

(십억 달러)

■ 미국 연준　■ 일본　■ 중국　■ 기타 선진국

자료: FRB
주: 기타 선진국은 영국, 스위스, 캐나다, 독일, 한국

중국의 미국국채 보유 금액

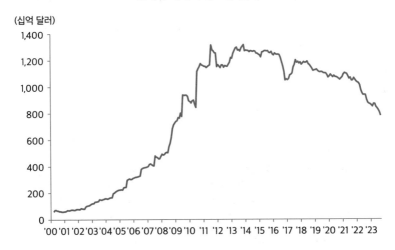

(십억 달러)

자료: FRB

제3부 • 자산시장, 변화의 길목을 지켜라

근 설득력을 얻고 있다. 실질 중립금리 상승은 중앙은행이 물가를 확실히 잡으려면 금리를 더 많이 올리고 높은 수준의 기준금리를 더 오랫동안 유지(higher for longer)해야 함을 뜻한다. (물론 각국 중앙은행이 중립금리에 대한 견해를 바꾸고 이를 통화정책에 반영하기까지는 시간이 필요할 것이다.) 이상의 여러 이유들로 인해 앞으로 물가와 금리는 마냥 예전 같이 하향추세를 보이기는 어려울 것이다.

채권시장에서 주목할 일들

사실 경제에 일방적인 것은 없다. 늘 반대 논리도 있기 마련이고 시장경제는 서로 다른 요인들이 충돌하며 자체의 역동성(dynamism)과 조정 기능을 발휘한다. 집단지성의 결집체인 채권시장과 자유경제 메커니즘에서 결정되는 이자율도 그렇다. 2020년 팬데믹 이후 나타난 물가와 금리 상승도 지난 수십 년간 봐왔던 현상 중 하나에 불과하다는 견해가 전혀 설득력이 없는 것은 아니다. 이들은 팬데믹 이후 물가와 금리 상승을 새로운 변화라며 호들갑 떨 필요가 없다고 주장한다. 물가와 금리를 끌어내릴 요인들이 다수 대기하고 있다는 거다. 인구 고령화, 잠재성장률 둔화가 그 가장 큰 요인이고 기대인플레이션과 기회비용에 대한 보상도 기술 혁신과 생산성 개선으로 낮아지기 쉽다는 주장이다. 지정학적 위험 증가도 안전자산인 선진국 국채에 대한 수요를 불러일으키는 요인이다.

그러나 이러한 지난 40년간 물가 및 금리안정에 기여했던 요인들이 앞으로의 10년도 설득력 있게 설명하기란 어려울 것 같다. 누적된 금융완화 영향과 탈세계화 과정에서 일어날 원가 상승, 국채 발행 증가는 당장 코앞에 있는 금리 상승 요인인데 반해, 잠재성장률 둔화 등은 시간을 두고 천천히 진행될 디플레 요인이라는 점에서 차이가 있다. 탄소중립 추진과 탄소배출권 가격[61] 상승도 당장은 기업들에게 비용 부담 요인일 뿐이다. 유통 혁신으로 물가가 크게 안정될 여력도 이제는 크지 않고 기업의 생산성 혁신도 지금 당장 세계 물가를 팍팍 떨어뜨릴 정도라고 보기엔 무리가 있다. 더욱이 적어도 미국은 당장 심각한 인구 고령화나 잠재성장률 둔화를 겪지 않을 것이다. 따라서 앞으로 10년 정도의 물가와 금리를 전망해 본다면 디플레보다는 인플레이션 요인이 좀더 우세해 보인다. 그렇다면 이제는 물가와 금리가 예전

---

61 탄소배출권은 재화나 서비스 생산 비용에 기후 변화 유발로 인한 환경적, 사회적 비용을 반영해 산정하고 탄소배출권 가격은 시장 내 탄소배출권의 수요와 공급에 의해 결정된다. (한국ESG기준원 참고)

보다 높은 수준에서 움직인다고 가정할 때 채권시장에서 구체적으로 어떤 일이 벌어질지에 대해 살펴보기로 하자.

첫째, 채권 발행자의 신용도가 더욱 중요해진다

앞으로 채권가격은 채권 발행자의 신용도에 따라 더욱 차이가 커질 것이다. 우량국채와 우량회사채에 대한 쏠림이 더욱 커지고, 신용등급에 따른 스프레드 확대는 좀 더 커질 가능성이 있다. 특히 미국국채는 앞으로 안전자산의 지위가 더 강화될 것이다. 중금리 시대에 부채관련 소음은 더 빈번해질 것이고 지정학적 분쟁과 갈등은 일상화될 것이기 때문이다. 부채가 많은 국가와 지방정부, 기업, 개인 모두 설 땅이 좁아지고 제로금리 때 버틴 기업들 중 도태되는 기업이 많아질 것이다. 재무 체력이 약한 중소기업과 영세기업들은 더 높아진 금리와 신용 환경에 어려움을 겪을 것이다. 하지만 하이일드 채권의 수익률이 높아 경기확장 기간에는 한시적으로 매력적인 투자대상이 될 것이다.

이처럼 시중금리가 예전에 비해 높은 영역대에서 움직인다면 신용도가 낮은 채권에 대한 투자는 경기회복기에 짧고 기민하게 할 필요가 있다. 보통 중앙은행이 금리를 내리기 시작하면 시중 자금 사정이 본격 개선되고 금융시장이 안정될 것 같지만 실상은 그렇지 않은 경우가 더 많다. 중앙은행이 금리를 내릴 때 오히려 하이일드 채권이란 신용등급이 낮은 회사가 발행한 채권을 말한다. 원리금 상환에 대한 불이행 위험이 높지만 그만큼 이자율이 높아 고수익·고위험 채권으로 분류된다. 시장에선 투기등급회사채, 정크본드 등으로 불리기도 한다. 일반적으로 경기침체기에는 하이일드 채권의 수요가 감소하여 채권가격이 낮아지고 수익률이 상승한다. 반대로 경기회복기에는 하이일드 채권의 수요가 증가하는 경향이 있다.

신용경색(시중에 돈이 잘 안 돌고 부도율과 연체율이 올라가는 현상)이 더 심해지는 이유는 금리 인상이 시차를 두고 신용시장에 영향을 주는 이유도 있고 중앙은행이 금리를 인하할 때는 대개 경기가 좋지 않아 가계, 기업, 정부 모두 현금흐름(cash flow)이 나빠지기 때문이다. 금리를 인하하기 전 수년간 금리 인상 때 받았던 신용 스트레스가 누적된 상태에서 중앙은행이 금리를 내리는 것과는 별개로 신용 스프레드(준거금리에 차주의 신용에 따라붙는 가산금리)가 오히려 높아지는 경우가 많기 때문이기도 하다.

중앙은행이 금리를 인하할 때는 단기금리가 장기금리보다 더 많이 떨어지면서 수익률곡선 역전(단기금리가 장기금리보다 높은 채권시장의 왜곡현상)이 바로 잡히는 경향이 있는데 보통은 장기금리가 각종 대출(신용)의 준거금리(예: 주택담보대출 금리) 되기 때문에 실제 시중 금융 컨디션은 금리 인하기에 본격 악화되는 성향이 짙다. 제3

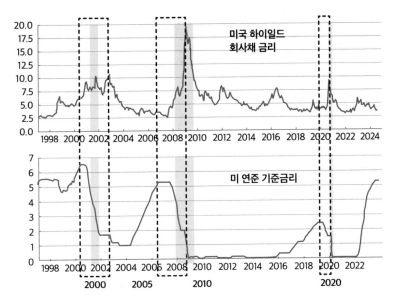

연준 기준금리와 하이일드 금리

미국 하이일드
회사채 금리

미 연준 기준금리

2000   2005   2010   2020

자료 : FRB
주 : 음영은 경기침체 기간, 박스 표시는 기준금리 동결 또는 인하시기이자 하이일드 금리 상승 기간

부의 마지막 부동산 파트에서 보다 상세히 다루겠지만 미국은 상업용 부동산, 중국은 부동산 관련 기업부채와 지방정부 부채, 한국은 가계부채와 프로젝트 파이낸싱(PF) 부채가 당분간 신용시장의 취약한 고리가 될 것으로 보인다. 자본배분의 부익부 빈익빈 현상이 우려되는 바 영세기업과 영세자영업자 및 취약차주에 대해서는 정부의 핀셋 지원정책이 필요하겠다. 다만 국민경제 전체로 보면 효율성과 생산성은 높아질 것이다. 이는 새로운 기업의

태동과 자연스러운 도태를 돕는 촉매 역할도 할 것이다. 우리나라와 같이 죽어야만 사는 혁신이 필요한 성숙경제 국면에서는 반드시 필요한 환경이다.

둘째, 단기매매의 위험성이 예전보다 높아진다

앞으로는 채권투자에 있어 자본이득을 얻기 위한 단기매매(trading)의 위험성이 예전보다 높아질 것이다. 채권을 단기에 사고팔았을 때 주식처럼 손실이 더 쉽게 발생할 수 있다는 이야기다. 물가가 예전보다 잘 안 떨어지고 국채의 경우 향후 공급량도 늘 것으로 보이기 때문이다. 때문에 신용등급이 높은 채권의 경우에는 만기까지 채권을 보유하는 장기투자가 늘어날 것이고 간접투자(ETF)보다는 채권에 대한 직접투자가 유리할 수 있다.

지난 수십 년간 채권시장의 강세장(금리 하락)만 경험했던 사람들은 채권 본연의 기능을 잊은 채 가능한 만기가 긴 채권으로 부지런히 갈아타면서 자본 이득을 좇는 데 익숙해졌다. 심지어 채권 전문 매니저가 아닌 일반 투자자가 위아래로 두세 배짜리의 장기채 ETF를 매매하기도 한다. 채권투자의 본질에서 다소 벗어난 이러한 투자는 앞으로 주의할 필요가 있다. 자본시장에서 채권의 원래 기능은 공격용 창이 아니라 부채와 자산의 균형을 맞추고 장기간 확정된 고정 수익(fixed income)을 추구함으로써 위험자산을 포함한 포트폴리오 전체의 위험을 방어(헤지)하는 데 사용하는 방패다.

셋째, 거시 흐름에 의존한 자금 운용 계획이 필요하다

금리가 파격적으로 낮아지지 않고 금리의 변동 사이클도 짧아진다면(인플레로 금리가 많이 떨어지지 않아 금리 변동폭과 변동 주기가 짧아짐) 기업 입장에서는 보다 큰 거시경제 흐름에 의존해 경기와 금리변동을 잘 예측하면서 차입과 회사채 발행 등 자금운용 계획을 짜야 한다. 예전보다는 보수적 재무관리가 요구되겠다. 이때 점점 불리해지는 쪽은 은행이 아니라 대출자 쪽이다. 금리가 높아지면 은행 역시 자금조달 비용이 오르겠지만 은행은 이를 고스란히 차입자에게 전가할 수 있다. 기준금리보다는 장기 시장금리가 더 중요해지고 시중금리 평균에 붙는 가산금리(신용도)의 중요성이 더 커질 것이다.

한편 평균 금리가 높아지면 소득대비 민간의 순자산은 예전보다 더디게 증가할 것이다. 이자수익이 복리로 늘겠지만 위험자산의 누적수익률이 현저히 약해지기 때문이다. 보이지 않는 손(invisible hand, 시장의 자율 기능을 일컬음)은 부채가 많은 사람들의 돈을 빼앗아 금융자산이 많은 경제 주체 쪽으로 옮긴다. 안타깝지만 소득분배의 형평성이 더 나빠질 것이다. 장기간 금리 하락과

저금리 시대에 이미 진행되어 온 소득 불평등 문제는 중금리 시대에 개선으로부터 더욱 멀어진다. 취약한 가계와 기업, 자영업자에 대한 정책적 배려와 신용 사각지대에 대한 프로그램은 반드시 필요하되 정부와 중앙은행은 보다 시장원리가 잘 작동되는 효율적인 자본주의를 만들기 위한 지혜를 짜내야겠다.

주식은 최적의 위험자산

주식이라는 자산은 단기로 보면 변동성이 매우 높다는 특징을 갖고 있다. 기업실적은 물론 금리와 증시를 둘러싼 여러 경제적 요인과 기타 경제외적 요인들이 죽 끓듯 변하는데다 낙관과 비관, 공포와 탐욕과 같은 사람들의 심리 요인도 주가의 단기 변동성에 영향을 미치기 때문이다. 특히 금융위기나 지정학적 위험이 발생하면 투자자는 주가가 한없이 곤두박질칠 것 같은 공포심을 느낀다. 이에 켄 피셔(Ken Fisher)는 '미스터 마켓(주식시장)은 조울증 환자와 같다'고 말하기도 했다.[62] 하지만 장기적으로 주식

---

62   『주식시장은 어떻게 반복되는가』 켄 피셔, 이건·백우진 옮김, 에프엔미디어, 2019년

수익률은 그 어떤 자산보다 놀라울 정도로 안정적이라는 사실이 여러 연구를 통해 입증됐다. 대표적으로 와튼 스쿨의 제러미 시겔(Jeremy J. Siegel) 교수는 1802년부터 2012년까지 자산의 실질 총수익률(total real returns, 인플레이션을 고려하고 이자소득과 자본소득을 모두 포함한 수익률)을 비교한 연구에서 동기간 주식 수익률은 연평균 6.6%로 장기국채(3.6%)나 단기국채(2.7%), 금(0.7%), 달러(-1.4%)보다 월등히 높은 수익률을 기록했음을 밝혔다.[63]

그동안 세계경제는 수많은 사건사고와 질곡의 세월을 거쳐 오늘에 이르렀다. 1939년 제2차 세계대전 이후 2023년까지 85년간 세계경제(편의상 미국경제를 기준으로 함)는 모두 12번의 경기침체를 겪었다. 크든 작든 평균 7년에 한 번 정도 꼴로 경기침체를 겪은 셈이다. 경기침체 이외에도 세상은 늘 어지럽고 불편한 뉴스들로 가득 차 돌아간다. 하지만 우리가 반드시 직시할 중요한 사실이 하나 있다. 매년 어려움이 없었던 해는 단 한 해도 없었지만 해마다 주가는 꾸역꾸역 올라 지금의 높은 수준에 도달해 있다는 사실이다.

우리보다 역사가 긴 미국 S&P500을 되돌아보면, 1928년부

---

63 『주식에 장기투자하라』 제러미 시겔, 이건 옮김, 이레미디어, 2015년

터 2023년까지 96년간 주가가 하락한 해는 29년으로 전체 기간의 30%에 그쳤고 주가가 올랐던 해는 67년으로 70%를 차지했다. 주가가 하락한 해 가운데 30% 이상 주가가 폭락한 해는 1931년, 1937년, 2008년으로 총 3번이었고, 20~30% 미만 하락한 해는 3번, 나머지 13번은 10~20%, 10번은 10% 미만으로 하락했다. 더욱이 대공황 때를 제외하면 주가가 2년 연속 빠진 경우는 1973~1974년 한 번이었고 3년 연속 하락한 해도 2000년~2002년 딱 한 번에 그쳤다. 이로서 1928년부터 2023년까지 S&P500은 연평균 약 8% 상승했다. 배당은 고려하지 않은 계산이다.

이처럼 주식에 장기투자하면 결국 높은 수익을 얻을 수 있다는 사실과 자본주의 경제는 그간 험난한 고비를 헤치고 우여곡절 끝에 오늘의 번영을 이루었음을 기억할 필요가 있다. 설혹 큰 위기가 닥친다 해도 그간 세계경제는 그 위기를 발판 삼아 오히려 더 높게 도약해 왔다. 위험은 언제나 우리 곁을 맴돌고 있지만 모든 위험이 세상을 망가뜨리는 것은 아니다. 물론 항상 여러 위험에 대비해 경각심을 갖는 건 투자자에게 반드시 필요한 기본 자세다. 하지만 보다 중요한 것은 주식이 긴 호흡으로 봤을 때 매우 합리적인 고수익 위험자산이라는 사실이다. 주식을 너무 짧은 호흡으로 대하고 투자가 아닌 무리한 투기의 대상으로 접근하지만 않는다면 눈앞의 위험요소들과 악재에 너무 민감하게 반응하고 두려워할 필요가 없는 것 같다.

주식의 특성에 반응하는 투자자들의 태도는 정말 각양각색이다. 장기투자와 단기투자, 특정 산업(기업)이나 국가에 대한 집중투자와 분산투자, 성장기업 중심의 투자와 가치중심의 보수적 투자 등 다양한 투자 스타일이 존재한다. 우리는 이들 투자성향을 모두 아울러서 중장기 투자전략에 대한 몇 가지 시사점을 찾아보려고 한다. 물가와 금리가 예전보다 하방 경직적이고 산업 구조가 기술 집약적인 방향으로 빠르게 변하는 상황에서 주식이 왜 합리적인 위험자산인지를 살펴보고, 이 합리적 위험자산을 보다 합리적으로 다루는 지혜를 함께 나눠보기 위함이다. 인플레이션과 디플레이션 국면에서의 주식의 매력, 유동성 풍요와 경기호황 국면에서 증시 특성, 그리고 높은 주가 변동성에 대한 대응 전략, 마지막으로 해외투자와 혁신성장 기업에 대한 투자전략 등 모두 네 가지 주제로 살펴보기로 하자.

첫째, 주식은 어느 시기든 유리하다

주식시장은 인플레와 디플레 기간 모두 유리한 위험자산이다. 1900년 이후 글로벌 기준으로(여기서는 '미국'을 글로벌로 간주함) 소비자 물가는 모두 5번 크게 뛰었다. 이런 역사적 하이퍼 인플레이션 다음엔 그리 오래가지 않아 꽤 괜찮은 주식 강세장이 찾아왔다. 고물가 원인이 전쟁이든 석유파동이든 자산가격의 과열에 있든, 인플레이션 폭격을 맞은 주가는 일단 치명상을 입는다. 왜냐하면 인플레이션으로 금리가 튀면 주가는 채권 수익률과 균형을 이룰 때까지 하락하는 속성을 지니고 있기 때문이다. 또한 투입원가 상승이 기업이익을 망가뜨리는 이유도 있다. 하지만 이후 치솟던 물가가 잡혀 정상화되고 중앙은행의 통화정책도 초긴축을 벗어나면 주가는 강세로 돌아선다.

인플레로 금리가 오를 때 못 올랐던 명목 주가는 주변 재화와 서비스 가격이 모두 오른 다음에 뒤늦게 뛰는 경우가 많았는데 이는 일종의 명목 가격들 키 맞추기 과정으로 볼 수 있다. 또한 물가와 금리가 오르면 결국 주식의 미래 현금흐름도 증가한다. 투입원가 상승은 시간이 지나면 명목 매출액 개선을 통해 상쇄되기 때문이다. 그래서 인플레이션이라는 산이 높을수록 주가의 낙폭도 크지만, 그 뒤에 오는 강세장 크기는 항상 크고 화려했다. 팬데믹 이후 높은 물가가 정상화되면서 전 세계 주가가 올랐던 것도 이러한 맥락에서 이해할 수 있다.

주식 수익률은 잠재 성장, 유동성, 생산성, 안전자산(국채 수익률) 대비 상대적인 매력도 등 여러 요인들에 의해 결정된다. 앞서도 강조했듯이 자본주의 경제는 그동안 우여곡절은 있었지만 꾸

미국 S&P500 수익률 추이

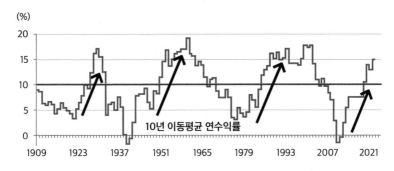

10년 이동평균 연수익률

자료: FRB

미국 소비자물가(CPI)

자료: www.crestmontresearch.com, FRED

준히 성장해 왔고 생산성도 개선되어 왔기에 주가의 장기 추세는 우상향이었다. 또한 주식은 기업을 기초자산으로 발행된 유가증권이고 그 기업은 건물과 토지, 공장설비 등 실물자산을 보유하고 있다. 주식이 인플레이션을 극복하고 오를 수 있는 이유다. 따라서 주가는 장기적으로 국민경제가 거두는 명목 성장률(실질 성장률과 물가 상승률의 합) 또는 그 이상으로 오르려고 하는 속성이 있다. 더군다나 상장기업은 그 나라를 대표하는 기업이고 평균적으로 국민경제 전체에 비해 우수한 경쟁력을 갖춘 기업 집단이므로 장기적으로 명목 성장률보다 높은 이익 성장을 보일 확률이 높다. 주가가 잠시 어떤 충격으로 장기 추세에서 벗어나더라도 곧 평균에 수렴하거나 그 이상으로 오르면서 잠시 잃었던 성과를 되돌려받는 이유다.

그러니 긴 호흡으로 투자하는 사람들은 주식이라는 자산을 너무 두려워할 필요가 없다. 나라마다 다르겠지만 세계경제는 앞으로 실질 성장률은 낮아지고 물가 상승률은 과거 평균보다 조금 높아져 결국 명목 성장률이 적게 떨어지는 구도가 될 것이다. 이는 살짝 만성적 스태그플레이션 상태를 뜻한다. 그런데 물가가 오르는 구간에서 경쟁력 있는 기업은 명목 매출액이 증가하고 원가 상승을 소비자에게 전가해 충분한 이윤을 챙길 것이다. 또 예전에 비해 장기 평균 물가와 금리가 높아져도 현금을 많이 쥐고 있는 우량기업과 경제 전체의 저성장을 극복하는 경쟁우위 기업들은 거시환경에 크게 좌우되지 않고 좋은 실적을 낼 수 있겠다.

물론 인플레와 금리 상승은 증시 전체에는 부담이 될 수 있지만 성장성이 높은 기업에게는 금리 상승이 무조건 악재라고 보기 어렵다.[64]

반대로 물가가 계속 낮아지고 성장이 둔화되는 디플레이션 국면이라도 우량기업들은 호황기 때 쌓아놓은 현금이 많고 영업이익도 크게 줄지 않아 현금흐름이 크게 줄지 않는다. 이들은 불경기를 활용해 값이 저렴해진 기업을 인수합병(M&A)하거나 새로운 성장동력을 마련하기 위해 적은 비용으로 투자를 더 손쉽게 진행한다. 경제학자 윌리엄 화이트(William White)는 초저금리는 자본을 보다 덜 생산적이고 과도한 위험을 감수하도록 동기를 부여하기 때문에 기업투자가 촉진되는 것을 방해하는 요소라고 주장했다. 초저금리와 과도한 금융완화 정책이 결코 생산적인 부문으로 자원을 배분한다는 보장이 없다는 것이다.[65] 초저금리 정책은 민간

---

64   금리 상승은 통상 기업이익이 크게 증가하지 않는 한 주식시장에는 악재다. 공정 주가는 기업이 미래에 벌어들일 이익을 현재 가치로 계산한 값인데 이때 사용되는 할인율이 이자율이다. 또한 주식은 크게 보면 채권과 대체재, 즉 경쟁 관계다. 금리가 높아지면 사람들은 불확실성이 높은 주식보다는 안전하고 고정된 수익이 보장된 채권(특히 우량국채)을 사려고 할 것이다. 물론 금리 상승에도 불구하고 주식시장이 호황일 때도 많다. 이는 기업이익이 앞으로 더 크게 개선될 것이란 기대와 확신이 주가 프리미엄(주가수익비율, PER)을 높일 때 일어난다.

65   William White, Ultra Easy Monetary Policy and the Law of Unintended Consequences, 2012. 8/24, **Working Paper no 126 - Federal Reserve Bank of Dallas Globalization and Monetary Policy Institute** William White, The long term impact of low rates, 9 September 2012 Financial Times (FT.Com)

에게 더 많은 부채를 끌어쓰도록 유혹하고 정부에게도 더 과감한 재정지출을 허용하므로 경제 주체들을 종종 비효율과 빚더미의 함정으로 몰아넣는다. 부채에 대한 두려움의 상실은 자본을 보다 단기적이고 투기적인 곳으로 배분시킨다.

이렇게 비생산적인 자본배분 기간이 길어지면 핵심 경쟁력보다는 저금리에 기대어 운영되는 기업이 늘어나는데 이는 스마트한 우량혁신 성장기업에게는 오히려 호재다. 또 저금리의 힘만으로 굴러가는 기업이나 국가는 어떤 계기로 강한 인플레이션이 왔을 때 결국 힘없이 무너져 진짜 경쟁력 있는 기업이나 국가의 먹잇감이 되기 쉽다. 이렇게 망하는 자 뒤에는 말없이 웃으며 반사이익을 얻는 자(者)가 늘 존재하기 마련이다.

둘째, 주식은 어떤 유동성 환경하에서도 상대적으로 유리하다

주식은 앞으로 유동성이 풍부할 때도 좋고, 유동성이 다소 위축될 때(금리가 오를 때)도 다른 자산군보다는 상대적으로 유리할 것이다. 돈만큼 명쾌하고 든든한 주식시장의 우군은 없다. 시중 유동성이 풍부하면 결국 대표 위험자산인 주식값은 올라간다. 앞서 우리는 유동성 포퓰리즘이 지속될 가능성(1부)과 저금리 시대의 종언 가능성(2부)을 제시했다. 만약 우리의 예상대로 앞으로도 유동성 풍요가 지속된다면 주식은 다른 어떤 자산군보다 유리

제3부 • 자산시장, 변화의 길목을 지켜라

한 고지를 점할 것이다. 늘 그랬듯이 통화량 증가는 증시를 더욱 달아오르게 만드는 땔감 역할을 한다. 풍부한 유동성은 강세장의 완벽한 조건은 아니지만 최소한의 기본 조건은 된다. 전 세계 증시에서 주가 프리미엄(보통 주가수익비율, PER로 표시)은 통화량 팽창(엄밀히 말하면 GDP 대비 통화량)과 매우 밀접한 관계를 보여왔다.

넉넉한 통화 유동성 때문에 물가가 높거나 중앙은행의 금리 인상 때문에 시중금리가 예전보다 높은 수준에 머물 경우 주식시장의 반응은 엇갈릴 것이다. 즉 증시 입장에서 하나는 얻고(풍부한 유동성 환경) 하나는 잃는(적정 주가 훼손과 안전자산 대비 주식의 매력 감소) 셈이다. 실제로 장기간 금리(또는 물가)와 주가는 역의 관계를 보였기에 이는 일견 주가가 오르려면 무조건 금리가 빠져야 한다는 오해를 부른다. 하지만 그것은 단지 역사적으로 금리는 금리 나름대로 스토리를 갖고 안정된 것이고, 주가는 주가 나름의 스토리로 오른 것이다.

사실상 주가는 경기가 좋아지고 기업실적이 개선될 때 더 많이 올랐고 그래서 주가는 장기간 명목 경제성장률과 높은 상관성을 보였다. 모두가 다 아는 바와 같이 경기가 좋을 때는 대개 금리도 함께 올랐기에 금리와 주가는 가까운 관계다. 즉 경기확장, 기업이익 증가, 물가와 금리 상승이 같은 방향으로 움직일 때 보다 훌륭한 강세장이 연출됐다. 일정 범위 안에서 경기확장의 중

한국 GDP 대비 총통화 비율과 주가 추이

자료: 한국은행, KRX
주: M2는 광의의 통화량, M2와 GDP는 달러 베이스

표인 물가와 금리 상승은 증시에 무조건 악재가 아니라는 것이다.[66] 물론 과도한 물가 상승은 경기확장 사이클을 강제 종료시키고 통화긴축을 유발하므로 증시에 악재다.

---

66 경기와 금리가 동반 상승하는 이른바 실적장세가 금융장세(경기는 좋지 않지만 단지 저금리, 과잉 유동성과 낮은 주식 벨류에이션에 힘입어 오르는 강세장 초입국면)보다 더 길고 강한 주가상승을 이끄는 경우가 많다. 금리와 물가가 올라도 기업이익이나 경제 펀더멘털이 이를 상쇄하고도 남음이 있다면 강세장의 수명은 길어진다. 실적장세의 종반부는 대개 투자심리가 달아올라 주가가 과열되는 경우가 많다.

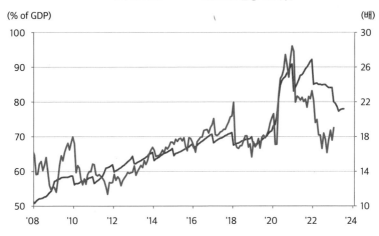

미국 GDP 대비 총통화 비율과 PER 추이

—— 미국 M2 (좌)   —— S&P500 선행PER (우)

자료: 한국은행, KRX
주: M2는 광의의 통화량, M2와 GDP는 달러 베이스. M2/GDP 비율은 유동성 멀티플이고 PER(주가수익
비율)는 주가 멀티플임. 이 두 멀티플의 상관성이 매우 높은 것으로 나타남. 즉 돈을 많이 풀수록 증시
가 긍정적으로 반응

　　우리의 관심은 앞으로 물가나 금리가 예전보다 다소 높은 영
역대에서 머물 때 주식시장의 반응이다. 한 단계 높아진 금리는
분명히 주식의 장기 평균 수익률을 떨어뜨릴 것이다. 하지만 이
때 전체 명목 경제성장률이 크게 무너지는 경기침체 상황만 아니
라면 똘똘한 성장기업들은 중금리의 부담을 이기고 나름 선전할
것이다. 상승한 금리가 야무진 기업들의 성장가치를 더 부각시킬
것이기 때문이다.

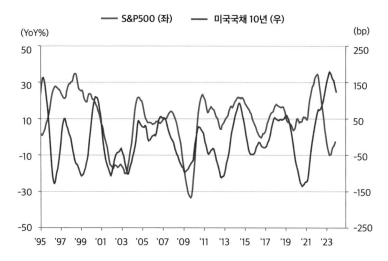

주가와 금리 변동의 상관관계

── S&P500 (좌)　　── 미국국채 10년 (우)

(YoY%)　　　　　　　　　　　　　　　　　　(bp)

자료: FRB

주: 12개월 이동 평균, 국채 10년물은 1년 전 대비 변동폭을 사용. 일부 기간을 제외하고는 주가는 금리가 상승할 때 (경기호조, 기준금리 인상) 더 긍정적으로 반응해 왔음. 2021~2023년은 금리 하락에 주가 상승 조합.

셋째, 주식의 단기 변동성 확대는 호재다

투자자들에게 '변동성' 자체는 불편하고 때로는 고통스럽다. 보통 경기가 침체되거나 금융시장에 돌발 위험이 닥쳤을 때 주가 변동성지수(VIX)[67]는 뛴다. 그리고 위험이 안정되고 경기가 좋아지면 변동성지수는 낮아진다. 앞으로 물가와 금리가 높아진다면 주가의 변동성도 조금 높아질 것이다. 인플레이션율이 높아지면 장기국채 수익률이 높아지고 이는 안전자산인 국채수익률 대비 주식의 매력을 줄이는 역할을 한다. 주식의 매력이 줄어들수록 주가의 단기 변동성은 커질 수 있다. 간헐적 금리 상승은 조급한 투자자들로 하여금 단기차익을 실현하려는 욕구를 부추기기 쉽다.

하지만 주가의 단기 변동성 확대는 장기 투자자에게 오히려 호재다. 단기 변동성에 놀라 좋은 주식을 헐값에 내놓는 투자자가 많아질 텐데 펀더멘털 분석에 강한 장기 투자자에게 이는 '줍줍'의 좋은 기회가 되기 때문이다. 역사적으로 봤을 때 주가의 단기 변동성이 커져도 주식의 장기 누적 수익률이 줄어드는 폭은 그다지 크지 않았다. 금리 상승 때문이다. 1927년부터 미국의 10년 만기 국채와 주식의 수익률을 비교해 보면 주식의 단기 변동

---

[67] 변동성지수(VIX)는 시카고옵션거래소(CBOE)에 상장된 S&P500지수 옵션 가격을 기초자산으로 하며, 향후 30일간 S&P500지수의 풋옵션과 콜옵션의 가격에 가중치를 부여해 산정된다. VIX지수의 상승은 S&P500지수 옵션의 변동성 확대에 대한 기대가 높아졌음을 의미한다. VIX지수는 투자자들의 불안 심리를 반영하고 VIX지수 확대 시 대개 주가도 하락추세를 보인다.

주가 변동성지수(VIX)와 장기금리

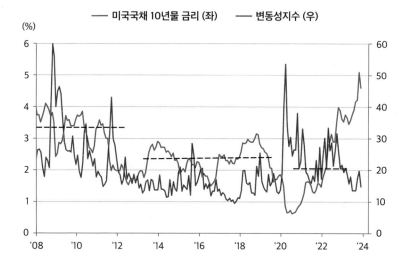

자료: FRB
주: 점선은 해당 기간 금리 평균. 향후 평균금리가 높아지면 주가 변동성이 높아질 것임을 시사

성은 높았지만 장기 변동성은 채권의 변동성[68]보다 높지 않았고, 주식 수익률이 채권 수익률보다 장기간 높았을 뿐만 아니라 주식의 손실 발생 기간이 채권의 손실 발생 기간보다 더 짧았다.[69]

---

68 채권변동성(MOVE)이란 미국 채권가격(금리)의 변동성을 나타내는 지수이다. 미국국채 옵션 가격을 기초로 국채 가격의 변동성을 산정한 지수다. MOVE지수의 상승은 미 국채시장의 변동성이 확대되고 시장의 불안감이 높아진다는 의미다.

69 『주식시장은 어떻게 반복되는가』 켄 피셔 외, 이건 외 옮김, 에프엔미디어, 2020년

사실 보통의 투자자들이 증시 전체의 불규칙한 단기 변동성에 일일이 대응하기란 현실적으로 쉽지 않다. 증시 변동성에 대한 단기 대응이 어렵다면 투자자들이 취할 수 있는 최선의 전략은 기업의 보다 본질적인 가치에 집중해서 긴 호흡으로 투자하는 것이다. 개별 기업의 가치를 따지는 상향식(bottom up approach, 아래로부터의 접근) 전략은 경제와 금융시장 전반의 기회와 위험을 따지는 하향식(top down approach, 위로부터의 접근) 전략보다 훨씬 지속가능하고 안정적인 전략이다. 일상적 중금리 시대에는 특히 성장 잠재력(성장가치)이 높은 종목의 길목을 지키는 정석투자가 보다 현명해 보인다.

한편 지난 10~20년간 빠른 속도로 성장해 온 지수 추종형 패시브(passive) 투자[70]는 앞으로 그 성장세가 한풀 꺾일 전망이다. 예전보다 시중금리가 높게 형성되면 전체 주가수익률(종합주가지수 매력)은 초저금리 시대보다 낮아지기 때문이다.[71] 또한 기술 집약적인 산업의 비중이 늘고 곳곳에서 혁신성장 기업이 약진하고 기

---

70 패시브(passive) 투자는 주요 지수의 등락에 따라 기계적으로 편입된 종목을 사고파는 방식의 투자로 시장 평균 수익률을 추종하는 것을 목표로 한다. 운용회사 입장에서는 액티브 투자에 비해 운용 비용이 적게 들고 운용역 1인당 운용 규모를 크게 가져갈 수 있다는 장점이 있다. 상장지수펀드(ETF), 인덱스펀드(index fund)가 대표적이다.

71 주식의 이론적 매력도는 주가수익비율(PER, 주가/주당순이익)의 역수와 안전자산인 국채금리의 차이로 측정될 수 있다. 즉 기업이익을 기준으로 한 주식수익률(PER의 역수)과 안전자산인 국채금리의 차이는 투자자들이 확정된 채권 수익을 마다하고 주식투자에서 얻을 수 있는 위험 보상 정도를 뜻한다.

술 발전에 가속이 붙으면 기업별로도 성장 차별화가 심해져 지수 전체가 주식을 설명하는 힘은 아무래도 떨어질 수밖에 없다. 시장 전체보다는 특정 업종, 더 나아가 업종보다는 특정 종목을 잘 선택하는 것이 주식투자에서 더욱 중요해진다는 뜻이다.

요컨대 무조건 지수를 추종하는 ETF 시장의 무용론을 주장하는 것은 아니다. 다만 줄어드는 패시브 투자의 공백을 기업가치를 정성적으로 심층평가해 투자하는 액티브(active) 투자가 메움으로써 그간 지나치게 패시브 투자에 편중되어 온 주식시장이 다시 균형을 되찾는 과정이라고 이해하는 게 옳을 것이다.

넷째, 해외주식의 비중을 일정 부분 유지하라

전체 주식 포트폴리오에서 해외주식을, 특히 미국주식을 일정 비중 유지해 갈 필요가 있다고 본다. 글로벌 분산투자를 지향하되 특히 혁신성장 기업(미국증시에 많음)에 초점을 두는 투자전략이 좋겠다는 의견이다. 원론적인 이야기를 하자면 상장기업은 원래 주주들의 이익에 반하는 의사결정을 내리기 쉽지 않도록 제도적, 법적 규제를 받고 있다. 또 그래야만 한다. 주식회사는 그 정의상 주주와 경영자가 분리되어 있는 회사 체제를 말하고 경영자는 정직하고 성실하게 회사를 잘 운영해서 거둔 이익을 주주에게 잘 배분할 책임이 있다. 이때 주식회사의 조직 체계가 투명하고 의사결정이 효율적이며 지배구조가 건강해야 주주를 위한 경영을 펼칠 수 있고 결과적으로 주가 성과도 양호하다. 통상 명목 경제성장률이 높음에도 불구하고 신흥국의 주가수익률이 선진국보다 낮은 이유는 기업의 거버넌스가 불투명하고 주주를 위한 경영에서 벗어난 기업이 많은데다 국가 권력이 기업경영에 직접 개입하거나 과도한 주식발행 또는 주식의 무분별한 추가 상장으로 기존 주주의 권익을 해치는 기업이 많기 때문이다.

우리나라의 경우 경제와 산업은 이미 선진국이지만 아직 자본시장은 개선할 부분이 많다. 특히 한국기업들은 아직도 대주주에게 관대하고 소액주주에게는 인색하며 지배구조가 불투명한 기업도 많은 편이다. 이 점이 증시에서 아직도 코리아 디스카운트 (우리나라 기업의 주가가 외국 기업에 비해 낮게 형성되어 있는 현상)가 존재하는 이유 중 하나일 것이다. 증시 주변 유동성과 기업의 혁신 성장성이란 잣대로 주식 매력도를 살펴봐도 한국주식의 매력은 국제적으로 그리 높은 편이 아니다. 유동성 환경이 증시 수급을 결정하고 4차 산업시대에 기업의 혁신 성장성이 주식의 품질을 결정한다는 점에서 이 두 가지 기준은 매우 중요하다.

먼저 유동성 면에서의 접근 포인트는 어느 나라가 최소한의 비용(부작용)으로 보다 더 많은 통화량을 유지할 수 있는지에 관한 부분이다. 증시 주변에 이지머니 환경을 만들려면 이를 지원

할 통화정책이 필요한데 이 점에서 환율방어에 유리한 기축통화국이 유리하다. 또 에너지 자급도가 높아 상품 인플레이션에 내성이 있는 국가와 국가부채나 민간부채 비율이 낮은 국가가 완화적 통화정책을 펼치기에 유리하다. 중앙은행이 여유 있게 통화를 관리하려면 적절한 경제성장에도 불구하고 물가가 안정돼야 하는데 그러려면 경제 전반에 생산성이 높고 자본의 효율적 배분을 돕는 시장기능이 잘 작동돼야 한다.

이러한 조건들을 모두 갖춘 국가는 지구상에 존재하지 않겠지만 그래도 여기에 상대적으로는 가장 가까운 나라가 바로 미국이다. 기업의 성장성 측면으로 접근해 봐도 세계적으로 우량하고 강한 기업이 많이 상장되어 있는 미국증시가 장기적으로 유리하다. 세계시장에서 안정된 점유율을 유지하려면 기술력 등 핵심 경쟁력이 있어야 하고 소비재의 경우에는 충성도가 높은 고객이 전 세계에 고루 퍼져 있어야 한다. 좋은 지배구조에 투명성도 높고 배당이나 자사주 매입 등 주주환원 정책을 잘하는 기업이 성장성도 함께 갖추고 있다면 금상첨화다. 이런 면에서 미국증시가 다른 나라 증시보다는 상대적으로 유리하다고 볼 수 있다.

물론 풍부한 유동성과 우수한 성장 조건을 갖췄다고 해서 그런 증시가 늘 유망하고 계속 오르기만 하는 것은 아니며 심지어 위험은 없고 안전하다는 뜻은 결코 아니다. 또 이들 요건을 모두 잘 갖췄다고 해서 거기에 상장된 모든 종목들이 투자 유망한 것도 아니다. 다만 세계증시를 비교해 봤을 때 미국증시에 상대적 우위가 있다는 정도이고 그것이 단기적 매력이 아니라 구조적인 강점이란 점을 강조하려는 것뿐이다. 최근 글로벌 실물경제와 금융시장의 헤게모니가 미국으로 더 쏠리면서 세계는 점점 미국을 위한, 미국에 의한, 미국 중심의 운영체계로 가고 있다. 이러한 무리한 불균형 현상이 세계증시에, 또 미국증시에 어떠한 영향을 줄지 귀추가 주목된다.

불균형은 최근 한미 증시 성과를 봐도 뚜렷하다. 2000년 초를 기준으로 한국증시와 미국 기술주를 비교해 보면 2008년 금융위기까지는 한국이 미국증시를 넘어섰다. 2012년까지만 해도 한국증시는 크게 뒤지지 않았다. 이때까지는 중국의 고도성장에 힘입어 화학, 철강, 조선 등 중화학 공업을 비롯해 IT 등 거의 모든 수출 산업이 골고루 한국증시를 견인했다. 하지만 이후 한국증시를 이끄는 수출기업의 숫자가 현격히 줄었다. 팬데믹 직전 화장품, 면세점 등 대중국 소비재 업종[72]도 코스피 견인에 한몫을 했지만 다른 업종이 살아나지 못했고 이들 업종도 그 이후 주가 상승

분을 모두 반납했다. 팬데믹 이후 자동차 업종이 다시 선전하고 2023년엔 2차전지 업종이 새롭게 부상했지만 이들의 약진에도 불구하고 코스피는 사실상 박스권을 벗어나지 못하고 있다. 팬데믹 기간이었던 2021년 6월 잠시 3,316.08포인트라는 사상 최고치를 찍었지만 코스피는 사실상 아직도 넓은 박스권에 갇혀 있다. 결론적으로 우리나라 증시가 이 박스권을 뚫고 가려면 반도체, 자동차, 2차전지, K-콘텐츠[73] 등의 서비스 산업, 여타 수출 산업들이 좀 더 힘을 내줘야 한다. 코스피가 지난 10여 년간 2000 포인트대에 계속 머물고 있다는 것은 지금 한국경제가 1인당 국민소득 3만 5,000달러 상단에 막혀 있다는 뜻과도 같다. 또한 이를 뚫고 나가기 위해서는 보다 응집된 힘이 필요하다는 것을 시사한다. 어쩌면 진작에 여러 산업에서 국제 경쟁력이란 이름의 씨앗을 더 많이 뿌려 지금은 그중 몇몇 결실을 거뒀어야 함을 뜻하는지도 모른다.

이와 대조적으로 미국증시, 특히 기술주 중심의 나스닥은 2009년 이후 한국증시와는 다른 모습을 보였다. 2009년을 기준으로 단순 지수 상승률로 비교해 보면 나스닥은 9.3배 오른 반면,

---

[73] 드라마, 게임, 웹툰, 애니메이션, 음악, 영화 등 다양한 장르의 K-콘텐츠가 한류 확산에 영향을 줬다. 최근에는 OTT를 통해서도 K-콘텐츠의 인기가 확인되고 있다.

코스피는 2.2배 상승에 그쳤다. 지난 10여 년간 코스피와 나스닥의 성과 차이는 결국 4차 산업 계열의 우수한 기업의 보유 유무에서 결정됐다.

물론 한미 증시를 단순 비교하는 것은 무리이고 증시를 둘러싼 금융 환경도 천양지차다. 하지만 투자자 입장에서 지난 10여 년간 한미증시의 성과 차이를 단지 미국과 한국의 경제력 차이, 금융 환경 차이, 원화와 달러의 매력도 차이, 일시적인 글로벌 자본의 쏠림 차이로만 볼 것인가에 대해서는 깊은 성찰이 필요하다. 만약 10년 후에도 한국의 수출 산업은 여전히 중국의 성장 둔화에 짓눌려 제자리에 머물고 있고 지금과 같은 수출 성적표에 갇혀 있는 반면, 미국의 혁신 산업과 우량 빅테크 기업[74]들은 세계시장에서 더 많은 수익을 거두고 점유율을 넓히고 있다면 과연 한미 증시의 격차는 지금이 끝일까? 만약 10년 후에도 한국의 명목 경제성장률이 미국보다 낮고 여전히 혁신 산업의 생태계를 제대로 갖추지 못하고 있다면 한미 증시의 격차는 과연 오늘이 마지막일까? 미래를 바라보는 우리 투자자들의 적정한 해외주식 투

---

[74] 애플, 마이크로소프트, 알파벳(구글의 모기업), 아마존, 엔비디아, 메타, 테슬라 등 S&P500 시가총액 상위 7개 빅테크 기업들을 '매그니피센트7'으로 부른다. 생성형 인공지능의 등장과 혁신기술의 상업화를 재료로 이들 기업들의 주가가 전체 증시를 이끌고 있다.

코스피와 나스닥지수 추이 (2000년 = 100 기준)

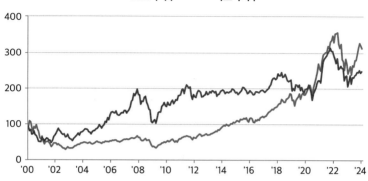

자료: 각국 증권거래소

코스피와 나스닥지수 추이 (2009년 1월 = 100 기준)

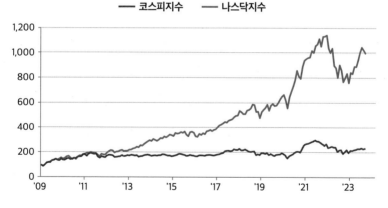

자료: 각국 증권거래소

자비중에 관한 고민이 바로 여기에 달려 있다. 사실 이것은 증시에 국한된 문제가 아니라 '주식회사 대한민국'에 관한 문제이며 우리나라 기업의 미래에 대한 중요한 문제이기도 하다.

원자재, 자원 전쟁의 서막

인류는 예로부터 식량을 얻기 위해 자연과 싸워왔고 먹을 것을 생산할 비옥한 땅이나 수자원을 얻기 위해 치열한 싸움을 벌여왔다. 문명시대에 들어오면서 인류는 바람, 태양과 같은 자연 에너지를 거쳐 목재, 수력, 마침내 석탄과 같은 에너지에 의존하게 됐고 각종 광물과 에너지, 식량 자원을 확보하기 위해 멀리 식민지를 개척하고 국가 간 전쟁을 마다하지 않았다.

19세기 이후 에너지 자원에 대한 각국의 각축전은 기술의 진보와 밀접했다. 18세기 증기기관을 이용한 강력한 기계 에너지가 상용화되자 석탄이 주 에너지원으로 떠올랐고 20세기에는 자동차와 철강, 화학 산업을 주축으로 한 2차 산업혁명이 일어나면서 석유 자원과 이를 활용한 전기 에너지가 전면에 부상했다. 20세기 내내 세계경제의 주력 에너지 기반은 석유와 천연가스였고 세계경제와 지정학적 패권도 석유자원을 중심으로 재편됐다.

이어 3차 산업혁명을 거쳐 4차 산업혁명 시대로 넘어오는 지금, 세계는 기존 화석연료에서 서서히 다양한 다른 에너지원으로 그 무게 중심을 옮기는 과도기적 양상을 보이고 있다. 그리고 코로나19와 러시아·우크라이나 전쟁은 러시아와 중국, 사우디아라비아, 인도 등이 석유를 매개로 서로 가까워지는 계기를 제공했다.

원자재 가격은 세계경제 성장과 산업사회의 발전, 도시화, 인구 증가, 통화량 팽창 과정에서 장기간 상승해 왔다. 원자재 시장의 가장 큰 특징이라면 높은 변동성과 장기 평균으로의 회귀성, 그리고 일정한 주기성이다. 이 중에서 특히 높은 변동성과 회귀성은 원자재 시장의 가장 뚜렷한 특징이다.

원자재의 대장인 원유 가격은 팬데믹 이후 더 큰 변동성을 보였다. 미국 서부텍사스 중질유(WTI, 근월물 배럴당 가격) 기준으로 보면 코로나19 충격으로 2020년 초 60달러에서 2020년 4월 마이너스 37달러까지 폭락한 유가는(선물시장에서 기술적으로 형성된 사상 초유의 마이너스 유가로 기록) 2022년 5월 124달러까지 급등한 후 70달러까지 떨어졌다가 수요 회복과 감산, 2023년 10월 7일 발발한 이스라엘과 하마스 무장정파 간 전쟁으로 다시 오르는 널뛰기 모습을 보이고 있다.

곡물이나 다른 원자재 가격도 변동성이 컸지만 코로나 시대에 유독 유가나 천연가스 등 에너지 가격의 변동성이 컸던 이유는 팬데믹으로 세계경제가 멈춰 선 다음 경제활동이 한꺼번에 재개된 점, 그리고 러시아·우크라이나 전쟁에 이은 산유국의 감산 때문이다.

근래 각종 원자재 가격의 변동성이 커진 데에는 투기적 수요의 가세도 한몫을 하고 있다. 즉 대중들이 금융상품화된 원자재(commodity)를 자유롭게 사고파는 것도 원자재 가격을 흔드는 요인이 됐다. 예전엔 원자재에 투자하려면 선물회사에 계좌를 개설하고 증거금을 예치하고 환율을 헤지하고 만기 때마다 롤오버(상환 만기의 부채를 연장하거나 다른 종목으로 교체하는 것)를 해야 하는 번거로움이 있었지만 이제는 일반 투자자들도 ETF를 통해 주식처럼 쉽게 원자재에 투자할 수 있다. 풍부한 유동성과 투기 수요의 가세는 앞으로도 자원 가격의 단기 변동성을 키우는 요인이 될 것이다.

수요와 공급, 어떤 요인이 됐든 원자재 가격이 지나치게 오르면 경기가 위축돼 결국 가격이 떨어지고, 반대로 경기침체로 원자재 가격이 하락하면 시간은 좀 걸릴지라도 수요가 다시 살아나 가격이 올라가는 패턴이 반복됐다.

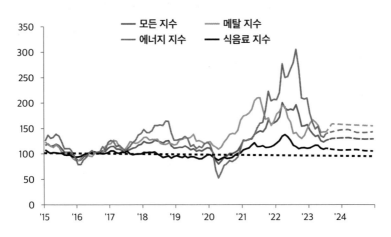

인플레로 조정한 실질 상품가격 추이

— 모든 지수   — 메탈 지수
— 에너지 지수 — 식음료 지수

자료: IMF(2023.10)
주: 2016년 = 100 기준, 미국 소비자물가로 조정한 상품가격

또한 원유시장은 보기 드물게 OPEC[75]을 통한 공급자 담합과
인위적 공급 조절이 버젓이 일어나는 시장이다. 원자재 생산국과
채굴기업, 그리고 에너지 가공, 유통업체들은 서로 긴밀한 관계를
맺고 있으며 특히 산유국 카르텔은 오랜 역사만큼이나 끈끈하다.
에너지는 일국의 전략 산업이기 때문에 자원개발과 생산, 가공,

---

75 OPEC(Organization of the Petroleum Exporting Countries)은 석유수출국 기구로 가입국 간의 석유 정책
    을 조정하기 위해 1960년 9월 14일 결성된 범국가 단체이다. 본부는 오스트리아 빈에 위치해 있
    으며, 초기에는 이란, 이라크, 쿠웨이트, 사우디아라비아, 베네수엘라 5개국으로 구성되었다. 이후
    아랍에미리트, 나이지리아 등이 추가로 가입하면서 현재 총 12개 회원국으로 구성되어 있다.

유통업체들의 배후에는 자원 수급과 유통 질서에 적극 개입하는 국가가 있다. 따라서 국제 원자재 시장은 정치외교, 지정학적 연대의 장(場)이기도 하다. 그간 지구촌에서 일어난 크고 작은 내전이나 분쟁, 심지어 전쟁도 에너지 자원을 둘러싼 이해관계의 충돌에서 비롯된 경우가 많았다. 특히 지난 수십 년간 글로벌 거대 원유 채굴 업체들은 그 이해 충돌 과정에서 손해를 보기보다 막대한 초과이윤을 누렸다.

2022년 2월 24일 발발한 러시아·우크라이나 전쟁 이후에는 OPEC의 맹주인 사우디가 러시아와 함께 감산을 통해 유가를 떠받들며 낮은 재고 상태의 세계 석유시장을 지배하고 있다. 특히 미국정부가 2021년부터 셰일오일 생산을 규제했고 인플레이션과의 전쟁 과정에서 전략비축유[76]를 소진함으로써 세계 원유 재고가 바닥을 보였는데 이는 감산이나 지정학적 위험이 유가를 더 쉽게 오르도록 만드는 빌미가 됐다.

한편 중국은 다양한 희귀금속과 희토류를 전 세계 여러 나라에서 수입해 자국 내에서 제련, 정제하는데 그중 일부는 자국에

---

76 미국이 석유공급 차질 등 비상상황에 대비하기 위해 비축하고 있는 원유를 말한다. 가장 최근의 방출은 2022년 러시아-우크라이나 전쟁 발발 직후였다. 미 에너지정보청에 따르면 2023년 기준 전략비축유는 40년래 최저치인 3억 5,100만 배럴 수준으로 2010년 고점 대비 40% 수준에 불과하다.

서 소비하고 일부는 재수출하는 형태의 글로벌 자원 네트워크를 운영하고 있다. 다양한 자원에서 높은 지배력을 확보하고 있는 중국이 일부 품목에서 생산 차질을 빚을 경우, 세계 각국은 물론 자국마저도 어려움을 겪을 수 있다. 중국이 특히 글로벌 자원 연대를 강화하고 자원 국가를 지원하고 일대일로 정책에 공을 들이고 있는 이유이기도 하다. 희귀금속과 희토류는 각국의 전략 산업이다. 자원의 각축장이 전통 자원에서 희소 자원으로 바뀌고 있는 이유는 첨단 산업의 수요증가 때문이다.

중국은 최근 반도체, 2차전지 생산에 필요한 핵심 원자재의 수출 규제를 강화하고 있다.[77] 한편 디지털 경제가 필요로 하는 핵심 희토류인 네오디뮴, 디스프로슘, 유로퓸, 테르븀, 에르븀 등을 둘러싼 규제 움직임도 있다. 물론 각국은 희토류 수입선을 어느 정도 다변화할 수 있지만 문제는 비용 부담이다. 미 상무부는 일찍이 2007년 망간, 갈륨, 인듐, 니오븀, 탄탈럼, 리튬, 바나듐, 백금계열의 금속, 그리고 희토류를 핵심자원으로 지정한 바 있고 국방부가 앞서 국가안보 차원에서 희토류 국산화를 추진하고 있

---

77 미국과 그 동맹국이 첨단 반도체 장비수출 통제에 나서자 중국은 2023년 8월부터 갈륨, 게르마 늄 등 반도체 핵심원료 수출을 통제하기 시작했다. 이어서 중국은 2023년 10월 20일 2차전지 핵심소재인 흑연 관련 일부 품목에 대해 수출통제를 한다고 밝혔다. 2023년 12월 1일부터 시행 되었다.

다. 미국은 2012년경부터 조업이 중단된 광산에 대해 투자를 늘려 지금은 중국에 이어 세계 2위의 희토류의 생산국이 되었다. 희귀금속은 남아프리카, 러시아, 중앙아프리카, 브라질, 호주 등에 편재돼 있다. 요컨대 원자재 시장에는 수급 차질과 유통 교란 요인이 늘 숨어 있어 예기치 못한 자원 가격 변동 위험이 커져 있다고 봐야 한다.

이제는 원자재의 마지막 특징인 주기성, 즉 자원시장의 중장기 사이클에 대해 살펴보기로 하자. 웰스파고(Wells Fargo) 투자연구소의 실물자산 전략 책임가 존 라포지(John LaForge)는 1791년 이후 세계 원자재 슈퍼사이클이 총 6번 있었고, 지금은 2020년 3월에 시작된 7번째 슈퍼사이클이 진행 중이라고 주장한다. 그는 원자재 슈퍼사이클은 경제가 반드시 호황이 아니어도 올 수 있다고 봤다. 존 라포지는 다음에 도래할 원자재 슈퍼사이클의 정점을 2045년으로 봤는데 이는 직전 피크인 1980년 이후 65년이 지난 시점이다. 이 예측의 정확성 여부는 차치하고서라도 그의 주장대로 원자재 가격의 큰 산이 형성되려면 앞으로 어떤 일이 일어나야 할지를 살펴보는 게 더 의미가 있을 것이다. 즉 원자재 가격 급등을 유발할 요인에 대한 점검이다.

원자재 시장의 슈퍼사이클이 현실화되려면 앞으로 도래하는 몇 차례의 경기순환 과정에서 자원 가격을 자극하는 사건들이 반

원자재 슈퍼사이클 배경이 되는 콘드라티예프 파동

구분	기간	저점	고점	세계경제 주도산업	주요 사건
제1순환	1780~1830년		1825년	증기기관, 목화	
제2순환	1830~1880년	1847년	1873년	철도, 철	
제3순환	1880~1930년	1893년	1923년	전기, 화학, 중공업	
제4순환	1930~1970년	1939년	1956년	석유화학, 자동차	1929~1939년 대공황
제5순환	1970~2010년	1989년	2000년	정보통신 기술	1974~1980년 석유파동 1995~2001년 닷컴버블
제6순환	2010년~진행 중				2007~2009년 글로벌 금융위기 2020년 코로나19

주: 콘드라티예프 파동(Kondratiev cycle)은 구 소련의 경제학자 콘드라티예프가 발견한 장기 경제파동을 말한다. 50년 내지 60년에 걸친 이 파동은 기술혁신, 신자원 개발 등에 영향을 받는 장기 경기순환 주기이다.

복적으로 일어나야 한다. 즉 풍부한 유동성이 자원 인플레를 폭넓게 자극하는 가운데 원자재 종류별로 공급 차질이 일어나고 기저에 달러 약세 기조도 있어야 한다. 지정학적 위험, 기후 악화, 전쟁, 지정학적 문제로 인한 수송 차질, 채굴 비용 상승, 환경문제, 신재생 에너지 관련 비용 증가 등이 공급 측면의 교란 요인들이다. 점차 노골화되고 있는 탈세계화 조류와 자원 이기주의도 자원 가격 상승에 숨은 복병이다. 또한 세계 공장의 미국 집중화 현상은 각종 생산비용을 높이는 요인이고 탄소 중립시대에 다가갈수록(제2부 기후와 환경 변화 참조) 산유국들은 석유를 가능한 비싸게 팔려는 속셈을 드러낼 것이다.

갑작스러운 수요 변화나 공급 카르텔이 없는데도 갑자기 가격이 뛸 수 있는 자원으로는 곡물류를 꼽을 수 있다. 기후변화에 대해서는 제2부에서 따로 다룬 바 있지만 곡물은 지구온난화, 자연재해, 수자원 고갈 등의 영향으로 언제라도 수급이 불안정해질 수 있는 자원이다.

원자재 시장에 슈퍼사이클이 오려면 무엇보다도 세계경기 호황이 길어져 수요 우위 시장이 형성되야 한다. 아무리 공급 이슈로 원자재 가격이 치솟더라도 그로 인해 수요가 바로 약해지면 결국 일시적 과열을 뒤로 하고 가격은 다시 빠질 것이기 때문이다. 특히 지금처럼 각국의 부채가 산더미처럼 쌓여 있는 상황에서는 자원 인플레가 금리 상승 경로를 통해 제때에 이자를 못 갚는 국가와 기업, 가계를 짓눌러 수요 둔화로 이어질 것이다.

그래도 원자재 슈퍼사이클이라 불릴 정도의 자원위기가 온다면 세상은 어떻게 될까? 당연히 세계경제는 치명상을 입을 것이다. 인플레로 인한 통화긴축은 자산가격을 붕괴시키고 금리 상승은 광범위한 부채조정과 경기침체를 불러올 것이다. 하지만 원자재 슈퍼사이클로 인류는 망하지 않는다. 하이퍼 인플레이션은 과열된 자산이나 과도한 부채를 강제적으로 정리하는 일종의 충격요법이다. 또한 그간의 인플레이션을 감안할 때 현재 유가는 과거 원자재 슈퍼사이클과 비교해 엄청나게 높은 수준은 아니다. 1980년 4월 2차 석유파동의 정점에서 기록한 실질유가는 배럴당 약 150달러(미국 소비자물가를 적용해 환산, WTI 스팟가격 기준)로 당시 명목유가 39.5달러의 약 4배에 달했고 2008년 7월 실질유가는 배럴당 187달러에 달했다. 이는 혹시라도 앞으로 유가의 슈퍼사이클이 온다면 유가 상단을 크게 열어놓아야 함을 뜻한다. 역으로 그간의 물가 상승을 감안한 실질유가로 봤을 때 현재 유가는 세계경제가 어느 정도는 버틸 수준이라는 뜻도 된다. 특히 전 세계 GDP 대비 석유지출 비율은 지금 역사적으로 낮은 수준이다. 산업 구조 변혁과 운송수단이나 가전제품, 냉난방 기기의 효율성 증대 덕분일 것이다. 하지만 미국과 같은 원유 순수출국은 원자재 슈퍼사이클이 와도 내성이 있지만 우리나라처럼 석유수입 의존도가 100%인 국가는 국민의 고통지수가 이루 말할 수 없이 치솟을 것이다.

투자자 관점에서 원자재 시장은 이따금씩 대박이 터지는 매력적인 곳이다. 슈퍼사이클에 꽂혀 투자할 게 아니라면 모든 원자재 가격의 평균회귀 성향을 고려해 가격이 너무 급등했을 때는 매도 포지션을 늘리고 너무 급락했을 때는 매수하는 전략이 합리적일 것이다. 이는 원자재 가격의 경기 조정 기능을 믿는 투자전략이다. 1970년 이후 50여 년간 평균 실질유가가 배럴당 70달러

글로벌 석유지출액/GDP 추이

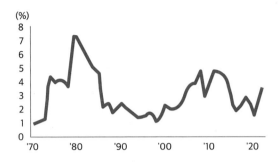

자료: LG경영연구원(2022.12, 원 자료는 BP, IMF)

명목유가와 실질유가 추이

— 명목유가   — 실질유가

자료: FRED
주: WTI 기준. 배럴당 유가. 실질유가는 현재 미국 소비자물가로 환산. 점선은 1970년 이후 장기 평균 실
질유가

이니 이를 기준으로 경제가 감내할 수준, 즉 고유가로 원유 수요가 본격 감소할 우려가 있는 유가 수준을 상정하는 게 좋겠다. 또한 지금 세계 각국이 예전에 비해 고유가에 대한 내성이 커져 있지만 초고유가 시대가 온다면 이는 세계경제와 자산시장에 일격을 가하고 심지어 산유국에게도 결코 좋은 영향을 미치지는 않을 것이다. 하지만 그것도 결국 일시적인 현상에 그칠 것이다.

부동산, 위험과 차별화 사이에서

어느 시대나 자산시장을 둘러싼 위험의 공통점은 이렇다. 자산가격의 지나친 과열과 그 과열된 자산이 어떤 계기로 조정을 보일 때 기존에 쌓여 있던 거대한 빚더미와 관련된 위험이 커지고 그것이 또 자산가격을 끌어내리는 악순환이 그 전형적 패턴이다. 즉, 유동성으로 펌핑된 일부 자산이 가격조정을 보일 때 그것이 부채상환 위험을 키우는 동시에 경기 둔화로 이어지는 것은 동서고금을 막론하고 우리가 흔히 봐왔던 자산시장의 순환 패턴이다.

부동산은 특히 그 특성상 많은 부채(대출)를 동반하므로 다른 자산군보다 금융시장의 안정성을 해치기 쉬운 자산이다. 돌이켜 보면 지난 수년간 각국의 주택이나 상업용 부동산, 토지 가격이 오르는 과정에서 부채가 크게 쌓인 만큼 경기가 식거나 고금리가 지속될 경우 가격조정의 위험이 있다.

그렇다고 모든 부동산 시장이 다 위험한 것은 아니다. 자산시장이 그렇듯 부동산도 단지 가격이 비싸졌다는 이유만으로 위험하다고 볼 수는 없다. 다만 가격 상승으로 수요가 약해진 상황에서 대출금리가 오르고 경기가 약해지는 등 구매력을 쪼그라들게 만드는 요인들이 추가된다면 가격조정은 좀 더 길어질 수 있다. 하지만 시장에 내재된 위험이 줄고 가격조정과 부채조정이 진전된다면, 부동산 가격은 경기회복과 만나 다시 반등할 수 있다.

그래서 이번 파트에서는 국내외 부동산 시장의 모순(높은 가격과 과도한 부채)과 위험요인을 먼저 다루고자 한다. 현존하는 위험요인들이 줄어들지 않으면 부동산 시장의 회복에는 한계가 있고 경제 전반에 부정적 영향을 줄 것으로 보기 때문이다. 물론 대부분의 국가는 주거용 부동산에 부채위험이 몰려 있지만 미국은 상업용 부동산에 위험요인이 머물고 있어 일률적으로 말하기는 어렵다.

문제는 소득 대비 주택 가격의 적정선이다

　다른 나라와 마찬가지로 위험요인은 한국 부동산 시장의 본질적인 위험 또한 저금리에 의존해 폭증한 신용(부채)과 구매력 대비 다소 비싸진 가격에 있다. 2022년 한국의 주택 시가총액은 6,209조 원으로 GDP(2,162조 원)의 2.9배에 달한다. 동 비율은 2021년 3.2배에서 조금 낮아진 수치지만 2001년 1.6배나 2013년 2.2배에 비해서는 현저히 높은 수준이다. 참고로 우리나라 증시의 시가총액/GDP 비율은 약 1배에 불과하다.

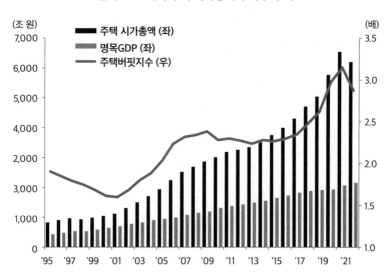

한국 GDP 대비 주택 시가총액과 배수 추이

자료: 한국은행

이처럼 약 3배에 달하는 주택 시가총액/GDP 비율은 역사적
최고 수준으로 현재 우리나라 주택가격이 경제 규모에 비해 비싼
수준임을 알 수 있다. 외국의 동 비율을 보면 미국은 2023년 8월
기준으로 1.8배 정도이고 중국과 일본은 2020년 기준으로 각각
3.5배와 1.9배이다. 부동산 관련 심각한 부채조정에 직면한 중국
을 제외하고는 우리나라의 주택 시가총액/GDP 비율은 단연 다
른 나라보다 높은 편이다.

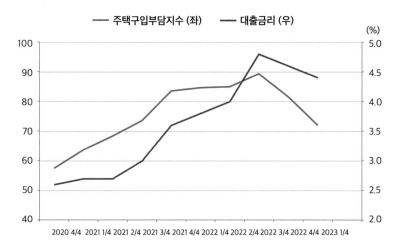

전국 주택구입부담지수와 대출금리 추이

—— 주택구입부담지수 (좌) —— 대출금리 (우)

자료: 주택금융연구원(2023년 1분기까지 표시)

한편 가계의 주택구입 능력을 나타내는 주택구입부담지수
(HAI, House Affordability Index)는 2023년 2분기 전국 기준으로
68.0이고 지역별로는 서울 165.2, 세종 100.3, 경기 88.0, 제주
82.7, 인천 72.4, 부산 71.7 순으로 높다. 서울의 경우 사상 최고
치를 기록했던 2022년 3분기(214.6) 이후 3분기 연속 주택구입부
담지수가 하락했지만 여전히 높은 수준이다. 이 수치가 100이면
대한민국 중간소득 가구가 소득의 25%를 주택담보대출 상환으
로 부담한다는 의미로 이 수치가 높을수록 소득대비 주택구입 부
담이 과하다는 것을 뜻한다.[78]

주택시장에 근본적인 변화가 찾아온다

앞으로도 우리나라 주택시장은 정부정책, 주택공급, 금리, 경기
(소득)에 종합적으로 영향을 받겠지만 주택시장을 둘러싼 환경은

---

[78] 주택구입부담지수는 중위소득 가구가 표준 대출을 받아 중간가격의 주택을 구입할 때 대출상환
부담을 나타내는 지수로 '(대출상환 가능소득 / 중간가구 소득)*100'으로 산출한다. 이는 [(원리금 상환
액 / DTI) / 중간가구 소득(월) * 100]과 같다. 중간소득의 가구가 표준대출(DTI 25.7%, 만기 20년 원리
금균등상환 대출의 매월 상환액 기준)을 받아 중간 가격에 해당되는 주택을 구입하는 경우 상환 부담
을 나타내는 지표다. 예를 들어 서울의 주택구입부담지수는 165.2이므로 서울의 중간 가구 소득
이 500만 원이라고 가정하면 적정 주택구입 부담액을 소득의 25%(125만 원)로 보기 때문에 125
만 원의 165.2%(2,065,000원)를 원리금 상환(이자 포함)으로 부담해야 한다. 즉 소득의 약 41%를
원리금 상환 및 이자비용으로 쓴다는 뜻이다. 본인 소득이 이보다 작다면 부담액은 더 늘어날 것
이다. 지금 서울지역 주택구입부담지수 165.2는 DSR(Debt Service Ratio, 연간 소득대비 주택 및 기타대
출 금융부채 원리금 상환비율) 41.3%를 가리킨다.

예전과 근본적으로 차이가 있을 것이다. 인구 감소와 본격적인 고령화 추세, 실질소득의 정체, 독립가구 수 증가세 둔화 등이 주된 차이점이다. 물론 이러한 요인들은 긴 호흡으로 봐야 할 이슈로 이들 모두가 단기 집값을 결정하는 변수는 아니다. 다만 이들 요인의 힘이 점점 커진다면 앞으로 집값은 상승 기울기가 완만해지거나 상승 기간은 짧고, 조정 기간은 길어지는 등 예전과는 사뭇 다른 패턴을 보일 것이다. 특히 앞서 본 바와 같이 소득대비 집값이 비싸져 있는 상황에서는 더욱 그럴 것이다.

구조적 요인 중 인구 변화는 주택시장에 가장 중요한 변수다. 한국은 2019년 11월부터 자연인구가 감소하기 시작했다. (출생아 수보다 더 사망자 수가 더 많은 시대에 진입) 2022년 연간 출생자는 24만 9,031명, 연간 사망자는 37만 2,800명으로 한 해 동안 12만 3,769명의 인구가 줄었다. 인구 구조상 앞으로 사망자 수는 좀 더 증가하고 출생아 수는 20만 명 밑으로 곤두박질칠 것이다. 고령화와 결혼 인구 감소로 독립가구 수도 지난 2020년을 정점으로 계속 둔화할 전망이다. 더욱이 자녀 수는 크게 늘지 않고 1인 가구는 주로 65세 이상 인구층에서 형성될 것이므로 지난 자연인구 증가 시대에서 경험했던 주택 확장 수요를 크게 기대하기는 어려울 것이다.

급속한 인구 고령화는 이론적인 적정 주택 가격을 낮추는 요인이다. 집값은 미래의 장기임대수익 합계를 현가화한 가격에 기초

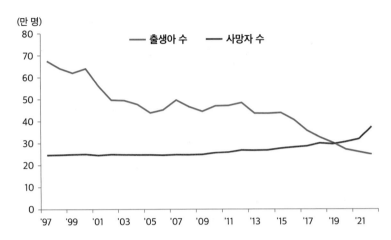

국내 출생자, 사망자 추이

(만 명)

범례: 출생아 수 / 사망자 수

자료: 통계청

하는데 급속한 인구 둔화는 미래 임대수익 크기를 축소하는 요인
이기 때문이다.

부채가 꽉 차 있어 집값이 제한될 것이다

지금 국내 부동산 시장은 빠르게 불어난 가계부채로 인해 빨
간불이 켜져 있다. 2023년 9월 말 기준 한국의 가계신용(부채)
잔액은 1,876조 원, GDP의 100.2%로 선진국(73.4%)과 신흥국
(48.4%) 평균보다 크게 높고 주요 61개국 중 4위를 기록하고 있

다. 우리나라보다 가계부채 비율이 높은 나라는 스위스(126.1%), 호주(109.9%), 캐나다(103.1%) 등인데 이들 국가는 실효 소득세율이 높아 처분가능 소득이 낮은 복지 선진국들이다.

우리나라의 가계부채 비율은 2020년 이후 거의 4년째 1위를 지키고 있고 조사대상 국가 중 유일하게 가계부채가 경제 규모(GDP)를 웃돈다. 가계대출을 상품별로 보면 주택담보대출이 1,049조 원으로 전체 가계신용의 56%를 차지하고 있다. 가계부채에 전세보증금(1,058조 원)까지 합치면 우리나라 가계부채 비율은 GDP 대비 156.8%로 높아진다. 한국경제연구원은 2017~2022년까지 최근 5년간 전세보증금을 합친 우리나라 전체 가계부채가 700조 원 넘게 불어났다고 밝혔다.[79]

가계부채 분야의 석학인 아미르 수피(Amir Sufi) 시카고 대학 교수는 2015~2021년까지 한국의 GDP 대비 가계부채 비율의 증가폭이 약 23% 포인트로 전 세계에서 압도적으로 높고 금융위

---

79 부동산 관련 가계대출과 우리나라의 독특한 전세제도가 그간 서민들의 주택마련에 기여한 점은 인정한다. 하지만 경기 부양 목적의 과도한 주택담보대출은 전체 일반가구의 43.8%에 달하는 무주택자들이 주택을 좀 더 저렴하게 구입할 수 있는 기회를 빼앗는 결과를 낳을 수 있다. 또한 정부와 은행권이 소득에 비해 과도한 전세자금대출을 받을 수 있도록 돕는 관행은 주거복지, 주거사다리라는 긍정적인 측면과 더불어 부작용도 있음을 직시해야 한다. 즉 국민들을 더 비싼 전세집에 살도록 몰아넣고, 전세가격 상승으로 인해 주택 매매가격이 오르는 악순환 속에서 투기 수요(갭 투자)를 유발하고 다주택자들의 자산은 늘어나는 반면, 무주택자들의 내 집 마련은 점점 더 어려워지는 결과로 이어질 수 있기 때문이다.

기 발발 이전인 미국의 2001~2007년 가계부채 비율 증가 속도와 유사하다'고 지적했다. 사실 우리나라의 경우 2003년 카드 사태[80] 이후 20년간 단 한 번도 제대로 된 가계부채 조정이 없다 보니 가계신용 증가에 대한 사회적 경각심이 부족한 것 같다. 금융 소비자들은 빚을 너무 쉽게 대하는 성향이 있으며 그동안 정부는 오히려 가계부채를 권장하고 독려하는 정책을 펼쳐왔다. 기업 부문이 어려울 때 가계부채를 늘려 전체 경제성장을 보전하는 정책이 몇 차례 반복되었다. 결국 지금의 높은 가계부채 비율에는 정부의 책임도 크다. 앞으로 적절한 대응책이 없다면 우리나라 가계부채는 매년 5~6% 이상 불어나 명목GDP 대비 가계부채 비율이 자연 증가할 가능성이 높다.

최근 집값의 조정 폭이 커지자 2023년 정부는 총부채원리금상환비율(DSR) 규제가 적용되지 않는 저금리 특례보금자리론[81]을

80　2002년부터 정부의 경기 부양 정책에 부응해 신용카드사들이 개인신용에 관계없이 광범위하게 신용카드를 발급해 2003년부터 기하급수적인 신용불량자와 개인파산이 야기된 사태를 말한다. LG카드가 워크아웃과 함께 공적자금을 받아 LG카드 사태라고도 부른다.

81　정부는 기존 보금자리론에 일반형 안심전환대출, 적격대출을 합친 특례 보금자리론을 2023년 1월 30일부터 1년간 한시적으로 운영하고 있다. 주택담보대출비율(LTV), 총부채상환비율(DTI) 한도 안에서 이용 가능한 파격적 대출 프로그램이다. 2023년 12월 말 기준 유효 신청금액은 43조 원이다.

내놓았다. 그 덕에 역전세난과 PF[82] 관련 위험을 일단 피할 수 있었다. 건설 PF 관련 위험도 따지고 보면 높은 개발원가와 사업자의 탐욕, 과도한 부채가 낳은 현상이다. 경기가 둔화되고 금리가 오르다 보니 개발 수익성이 떨어지고 사업이 원활하게 진행되지 않는 게 당연하다. 부동산 PF대출 잔액은 2013년 35.2조 원에서 2023년 9월 기준 134.3조 원으로 10년 만에 4배 가까이 늘었다.

어느 나라나 부동산 시장은 그 속성상 금융시장과 밀접하고 부동산 경기 급랭은 거시 건전성을 위협하기에 경제 전반의 영향력이 너무 크다. 그러다 보니 정부는 항상 부동산 경기 연착륙을 위해 노력한다. 하지만 미봉책에 가까운 땜질식 부양책은 민간부채를 더 키우고 근본적인 해결책은 뒤로한 채 부채조정을 지연시켜 자칫 더 큰 위험으로 이어질 수 있다. 부실 PF사업장의 단계적

---

82 PF(Project Financing, 프로젝트 파이낸싱)는 대규모 투자자금이 요구되는 에너지 개발이나 도로, 항만, 발전소와 같은 사회간접자본 투자에 많이 활용되어 온 금융 기법이다. 사업(프로젝트) 자체를 담보로 장기간 대출 출자를 결정하고 프로젝트 진행에 따라 원금과 수익을 돌려받는 구조로 이루어지기 때문에 금융기관은 개발 계획 단계부터 참여해 수익성이나 업체의 사업수행 능력 등을 면밀히 평가하고 심사한다. 그러나 최근 국내에서 문제가 된 PF는 건설사의 시공 보증 등을 담보로 자금을 단기간 대출해 주는 '단기 사업(시공) 대출'로 보는 게 더 정확하다. 특히 우리나라는 외국과는 달리 관행상 본 PF로 가기 전에 토지 매입부터 대출을 일으켜 사업을 진행해 부동산 경기 둔화에 PF 관련 부실이 더 커지는 특성이 있다.
주택경기가 호황일 때 고가에 부지를 매입한 뒤 아파트와 오피스텔 분양 사업 등을 시행한 사업 주체가 주택경기가 꺾여 분양을 제때에 못할 경우, 금융권 연체율과 우발채무가 급증하는 부실 PF사업장으로 전락해 문제를 일으키고 있다 한국건설산업연구원은 2024년 1월 보고서에서 우리나라 건설 PF 대출 잔액의 절반 이상인 70조 원이 부실화될 수 있다고 추산했다.

퇴출을 유도함으로써 위험이 한꺼번에 또는 연쇄적으로 터지는 것을 막을 필요가 있다.

　PF를 포함한 모든 부동산 정책은 원칙에 따라 시장 기능이 공정하게 잘 작동되도록 유도하되 장기흐름을 중시하고 일관성 있게 추진되어야 한다. 무주택자를 배려하고 다주택자의 지나친 투기 수요를 억제하는 일관성 있는 정책이 절실하다. 집값이 떨어지는 것을 인위적으로 막는 단기 정책이나 집값에 영향을 주는 선심성 정책은 바람직하지 않다. 소외계층과 청년, 신혼부부를 위한 주거복지 정책은 장기 플랜에 따라 정권 변화와 관계없이 꾸준하게, 차질 없이 진행하면 그만이다.

　부채를 쉽게 늘리는 레버리지 투자를 권장하는 선심성 부채 촉진 정책은 가계에 얼마든지 빚을 내서 집을 사도 괜찮다는 잘못된 신호를 줌으로써 나라 전체를 투기판으로 만드는 나쁜 정책이다. 만약 지나간 시절과 달리 앞으로는 금리가 잘 떨어지지 않는다면 '부채를 늘려 부채 문제를 해결하는' 기존 정책은 사회적 비용만 점점 가중시키고 정부와 중앙은행으로 하여금 갈수록 운신의 폭을 좁게 만들 것이다. (금리를 올리면 부채 상환 고통이 커지고 금리를 내리면 부채가 쉽게 증가하고 환율이 절하되는 부작용이 커진다. 참고로 호주와 캐나다는 높은 가계부채 비율에도 불구하고, 팬데믹 이후 해당국 중앙은행은 기준금리를 410bp와 475bp로 각각 인상했다.)

물론 우리나라 가계부채 위험이 다소 과장됐다는 의견도 일리가 있다. 소득이 높은 가구가 주택담보대출을 대부분 지고 있어 자산 대비 부채로 볼 때 위험이 그리 큰 편은 아니고 주택담보대출비율(LTV, Loan to Value Ratio) 버퍼도 충분해 대단한 금융 위험으로 이어질 가능성이 높지 않기 때문이다. 한편 가계부채 규모 자체를 단기에 급격히 줄이는 것도 바람직하지 않다. 더 큰 금융 혼란을 불러올 수 있고 경제 전체에 주는 부정적 영향이 너무 크기 때문이다.

다만 시간을 두고 GDP 대비나 처분가능소득 대비 가계부채 규모를 줄이는 노력은 반드시 필요하다. 높은 가계부채 비율이 당장 금융 위험으로 이어지는 것은 아니지만 지금처럼 경제 규모에 비해 과도하게, 특정 기간 너무 빨리 불어난 가계부채는 반드시 후유증을 유발하기 때문이다. 또한 높은 가계부채 비율은 금리에 더욱 종속되고 외부충격에 취약한 내수경제를 만들기 때문에 경계해야 한다. 특히 우리나라 주택담보대출은 일부 특례론을 제외하면 대부분 변동금리부여서 금리 상승기에 금융 건전성을 위협하고 구조적인 내수 부진의 원인으로 작용하기 쉽다. 가계부채가 가계자산을 형성하는 데 기여하고 주택경기가 내수경기를 견인해 주던 시대는 지났다.

부채의 총체적 관리 필요성

우리나라는 가계부채도 문제지만 기업부채 비율도 높은 편
이다. 한국은행과 국제금융협회(IIF)에 따르면 한국기업의 GDP
대비 부채비율은 2019년 3분기 100%를 넘은 뒤 계속 증가해
2023년 9월 말 126.1%를 기록하고 있다. 국제금융협회는 한국
기업들의 부채 및 부도 증가 속도가 주요 17개국 중 말레이시아
에 이어 2위, GDP 대비 기업부채 비율은 34개국 중 홍콩, 중국에
이어 세 번째로 높은 수준이라고 밝혔다.

최근 기업의 수익성 저하와 높은 대출금리 영향으로 기업의

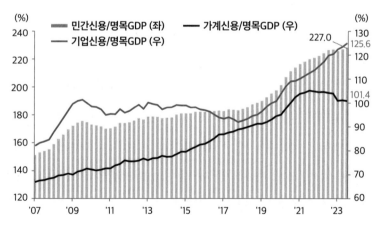

한국의 민간신용/GDP 추이

자료: 한국은행(2023.12)

이자지급 능력과 안정성 지표가 약화되고 있어 저성장 기조에서 금융 건전성이 더 나빠질 위험이 있다. 더욱이 경기 충격에 취약한 중소기업과 영세기업의 대출이 최근 크게 늘어난 점도 부담이다.

기업부채 비율이 지나치게 높아지면 기업의 설비투자와 연구개발 역량이 저하되는 등 성장동력이 저하된다. 일본의 1990~2000년대 초반 상황과 흡사하다. 우리나라의 가계와 기업, 즉 민간신용 전체의 명목GDP 대비 부채비율은 2023년 12월 말 기준 227%로 매우 높은 편이고 신용 증가세가 명목GDP 증가세를 계속 앞서고 있어 이미 우리나라 경제의 건전성에 적신호가 켜져 있음을 나타내고 있다. 민간부채와 더불어 정부부채도 지금부터 관리를 잘하지 않으면 문제가 될 수 있다. 사실 우리나라 정부부채 GDP 비율은 절대수치로나 국제 비교로나 아직 별문제가 없다. 다만 국가부채 비율은 장기간 저성장으로 기업과 가계의 경제활동이 떨어지고 세수가 펑크 나면 빠르게 올라갈 위험이 있다.

국제통화기금(IMF)에 따르면 정상적인 경기상황을 가정해도 우리나라 일반정부 부채비율(D2)[83]은 2021년 51.3%에서 2023년 55.3%, 2028년에는 58.2%로 계속 높아질 전망이다. 2023년 한국의 일반정부 부채비율은 달러, 유로, 엔화 등 기축통화를 사용하지 않는 10개 기타 선진국 평균 부채비율(52.0%)을 살짝 넘어섰다. 한국의 국가 부채비율 상승은 비(非)기축통화국 평균의 하락추세와는 대조적이다. IMF는 이런 추세가 지속될 경우 2028년 한국의 일반정부 부채비율이 비기축통화국 일반정부 부채비율 평균보다 10% 포인트 이상 높아지고 비기축통화국 가운데 두 번째로 높은 국가부채 비율에 도달할 것이라 전망하기도 했다. 한편 국회예산정책처도 지난 2020년 장기 재정 전망에서 현행 제도가 유지될 경우, 우리나라 GDP 대비 국가채무(D1 기준) 비율은 2020년 44.5%, 2023년 48.9%에서 2060년엔 158.7%, 2070년 185.7%로 높아질 것으로 전망했다.

만약 민간부채 조정이 금융권 부실로 번지는 경우엔 국가는 그 일부를 정부부채로 떠안아야 한다. 평소 정부부채가 느슨하게 관리되면 유사시 정부가 경기를 부양하고 민간부채와 외부충격

---

83 D2는 국가채무(D1: 중앙정부+지방정부, 교육 지자체 부채)에 비영리 공공기관의 채무를 더한 부채를 말한다. D2는 국가 간 재정건전성을 비교할 때 주로 쓰인다. IMF는 2023년 4월 전망에서 한국의 나라 빚 증가 속도가 경제 규모에 비해 6개월 전에 예상한 것보다 더 빨라졌다고 밝혔다.

을 흡수할 버퍼가 허술해진다. 특히 한국정부는 산업 전환과 탄소제로 달성을 위해 앞으로 많은 예산이 필요하고 국방과 통일, 저출산 초고령화 시대를 대비해 재정 여력을 비축해 놓아야 한다. 이 점이 정부와 국회, 통화당국이 앞으로 국가채무 문제를 보다 조심스럽게 다루고 부동산 정책도 단기 부양책보다는 총부채 관리 차원에서 긴 호흡으로 접근해야 하는 이유다.

구조는 개선, 자연스러운 순환은 수용

요컨대 우리나라 경제의 성숙도 면에서 과도한 정부부채 비율과 밀어내기식 재정지출이 무조건 경제성장을 돕는 요술 방망이였던 시대는 지났다. 속도 조절에 실패한 국가부채 관리는 반드시 물가를 자극하고 환율을 약하게 만들 뿐만 아니라 민간이 쓸 돈을 정부가 사용함으로써(구축효과) 효용 대비 부작용을 더 크게 만드는 시대가 됐다. 경제 규모가 커졌고 구조가 복잡해진데다 돈이 많이 풀려있고 부채 레벨도 예전보다 훨씬 높아졌기 때문이다. 비단 우리나라만의 문제는 아니지만 코로나19 때 급증한 통화와 재정지출(정부 재난지원금 등)이 결국 지금 와서 물가와 금리를 부추기고 실질소득 감소와 가계의 이자 부담, (자산가격 상승에 따른) 소득 불평등으로 고스란히 되돌아오는 것을 보면 정책의 최종 목적과 효용에 대한 생각을 하지 않을 수 없다.

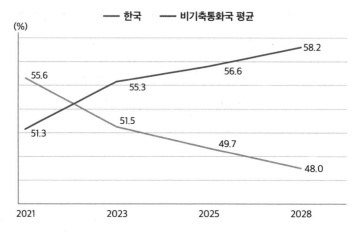

일반정부 부채비율 추이와 전망

—— 한국 —— 비기축통화국 평균

(%)

55.6

51.3

55.3

51.5

56.6

49.7

58.2

48.0

2021   2023   2025   2028

자료: IMF
주: GDP 대비 일반정부 부채(D2) 기준, 선진 비기축통화국은 싱가포르, 홍콩, 스웨덴, 노르웨이 등 10개
국이며 2023년 이후는 예상치이다.

물론 한국의 부동산 경기에 어두운 면만 있는 것은 아니다. 고금리와 경기 둔화로 신규 주택공급이 계속 줄어들면 몇 년 후에는 주택공급 부족으로 집값이 오를 수 있다. 주택공급 부족은 비싸진 땅값 등으로 분양가가 올라 주택공급이 원활하게 이뤄지지 않기에 발생한다. 하지만 수요와 공급에 따라 땅값이 하락하면 소득대비 적정한 분양가로 주택이 정상 공급됨으로써 PF 사업장도 정상화되고 주택공급 부족이 해소될 수 있다.

또한 집값은 금리가 내려가고 소득이 증가해 가계의 주택 구매력이 돌아서면 올라갈 수 있다. 만약 2021년 말 역사적 최고 수준(19배)을 찍었던 서울 거주자의 평균소득 대비 집값 비율(PIR)[84]이 앞으로 장기 평균(12배)에 근접한다면 여전히 두터운 실수요층과 투기 수요층에게 주택매수 동기를 다시 부여할 수 있다. 더욱이 앞으로 인플레이션이 지속된다면 집값은 누적 물가 상승분을 보상하려는 원초적 본능을 드러낼 것이다. 주택은 장기적으로 인플레이션을 이기는 필수 내구재이기 때문이다.

미국 상업용 부동산 시장의 위험

이제는 밖으로 눈을 돌려 세계 부동산 시장을 살펴보자. 지금 세계 부동산 시장에서 적지 않은 위험이 잠복해 있는 곳은 바로 선진국 상업용 부동산 시장이다. 미국의 집값도 경제성장과 통화량 증가, 인플레이션과 함께 그동안 상승을 이어왔다. 하지만 문제는 주거용 부동산보다는 상업용 부동산인데 이는 2008년 금융

---

84   평균소득 대비 집값비율(PIR, Price to Income ratio)은 주택을 소유한 가구의 연간 소득으로 특정 지역의 주택을 구입하는데 얼마나 걸리는지를 나타내는 지표이다. PIR 지수가 높아진다는 것은 소득에 비해 집값이 비싸지고 있음을 뜻한다.

미국 통화량과 집값 추이

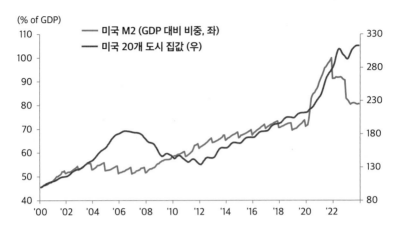

자료: FRB
주: 주택가격은 S&P/케이스-실러(Case-Shiller) 미국 전체 주택가격지수. 2000년 = 100 기준

위기 이후 주거용 부동산에 대해서는 금융규제가 엄격했고 주택 공급도 장기간 제한됐기 때문이다. 이에 반해 세계 주요 도심의 호텔, 사무실, 백화점, 쇼핑센터, 물류센터 등 상업용 부동산에 대한 금융권 대출은 폭발적으로 일어났고 돈이 거세게 몰렸다.

세계 모든 상업용 부동산이 다 문제인 것은 아니지만 상업용 부동산에 투자하느라 빌린 고금리 대출을 제때 못 갚거나 만기 연장에 실패하는 경우가 문제다. 특히 최근 상업용 부동산을 담보로 발행한 대출채권 가격이 떨어지면서 여기저기 빨간 불이 켜지고 있다. 미국의 경우 상업용 부동산 대출액은 2015년 이후

2배나 증가해 2조 2,000억 달러에 달한다. 상업용 부동산 저당 증권(CMBS, Commercial Mortgage Backed Securities)이나 부동산 대출 전문 리츠(REITs)를 대상으로 한 간접 대출까지 합치면 미국은행들의 상업용 부동산에 대한 신용 노출액은 3조 6,000억 달러로 은행권 총 예금의 20%에 달한다. 대출을 내준 은행이 대부분 중소 지역은행들[85]이란 점도 문제다. 최근 일부 지역의 오피스 빌딩의 경우 공실률이 치솟으면서 담보가치가 떨어지고 있고 금리가 오르면서 은행의 대출심사가 더욱 깐깐해지고 있는데 이로 인해 채무 불이행이 늘어나는 추세다. 미국의 경우 지금보다 싼 금리로 실행된 상업용 부동산 대출액의 만기가 2024년과 2025년에만 1조 2,000억 달러에 달해 앞으로 몇 년간은 관련된 위험이 금융권을 계속 맴돌 것이다.

금리가 다시 안정되고 경기가 회복되면 큰 위험은 없겠지만 금리가 고공행진을 보이고 신용경색이 오고 경기도 시들하다면 금융권 전체 대출은 더욱 엄격해질 것이고 돈은 잘 돌지 않게 될

---

85 미국 지역은행은 특정 지역 내의 고객에게 특화된 금융 서비스를 제공하는 금융기관이다. 최근 국채금리가 상승하면서 미국 중소 지역은행들의 자본구조 및 건전성에 대한 우려가 지속되고 있다. 신용평가사 무디스(Moody's)는 2023년 8월 9일 상업용 부동산 위험 등을 반영해 미국 10개 지역은행의 신용등급을 강등한 바 있고 이어 S&P도 8월 22일 금리 상승과 자금조달의 어려움, 유동성 문제, 수익악화 등을 이유로 5개 지역은행의 신용등급을 강등하거나 전망을 하향 조정한 바 있다.

미국 건설 부동산 자본투자 (2002년 = 100 기준)

— 미국 실질 비주거용 자본투자
— 미국 실질 주거용 자본투자

자료: FRB

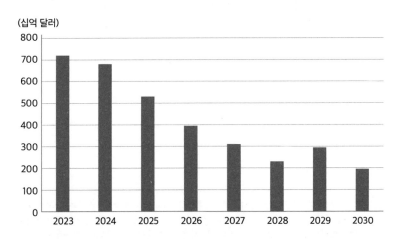

미국 상업용 부동산 모기지증권 만기 도래

(십억 달러)

자료: 해외 언론보도종합

제3부 · 자산시장, 변화의 길목을 지켜라

것이며 어디선가 작은 균열이 발생할 것이다. 또한 그 위험의 불똥은 어디론가 튀기 마련이고 그 과정에서 금융시장이 상처를 입는 등 악순환으로 이어지는 것을 우리는 과거 경험을 통해서 익히 잘 알고 있다. 또한 그런 위험의 도화선은 늘 규제 밖에 있는 그림자 금융이었다는 사실도 우리는 이미 알고 있다. 그런데 다행인 점은 지난 2008년 미국의 서브프라임 모기지 사태[86]를 겪으면서 대형은행에 대한 건전성 규제가 매우 엄격했다는 사실이다. 비록 지역은행이나 여타 금융권 규제가 느슨해 상업용 부동산 관련 위험이 커져 있지만 2008년처럼 막대한 그림자 금융이 없다는 점과 대형은행들의 장부가 건전하다는 점은 혹시 상업용 부동산 위험이 일부 표출된다 해도 그 파장이 제한적일 것임을 시사하고 있다. 다만 미국 은행권 전반의 대출 축소 움직임은 소비와 투자 둔화를 통해 경기위축으로 이어질 수 있다고 본다.

---

86 서브프라임 모기지 사태(subprime mortgage crisis)란 2007년 미국에서 발생한 금융위기로 2008년 전 세계가 충격을 받은 역대급 사건이다. 미국의 주택담보대출 중 서브프라임 모기지(신용점수가 일정 수준 이하인 비우량 등급 고객을 대상으로 하는 부동산담보대출)가 부실화되면서 발생했다. 2000년대 초 닷컴버블 붕괴와 9.11 테러에 대한 대응으로 저금리가 지속되면서 주택시장에 자금이 쏠려 집값이 급등한 것이 위기의 배경이 됐다. 정상적인 대출(prime mortgage)시장에서 소외된 계층에 대출 프로그램을 만들어 자가 주택 보유율을 높이는 과정에서 장기간에 걸친 집값 상승은 차주(借主)의 상환능력에 대한 엄격한 검증 없이 금융기관의 방만한 대출로 이어졌다. 또한 부동산담보대출을 기반으로 발행된 MBS(부동산담보증권)와 MBS의 위험을 분산하기 위한 CDS(크레딧 디폴트 스왑)와 CDO(부채담보부증권) 등 파생상품이 위기의 규모를 키웠다.

중국 부동산 시장 몸살의 의미

선진국에 상업용 부동산 위험이 잠복해 있다면 아시아 대륙은 특히 중국 부동산 시장이 문제다. 중국의 집값은 2016년 즈음에 마지막으로 크게 올랐고, 이후 미분양 주택과 공실이 본격적으로 늘기 시작했다. '집을 너무 많이 지었고 또 그 집을 짓는 과정에서 부채가 너무 많이 쌓였다는 점'에서 전형적인 중진국 병이라 하겠다. 중국 부동산 시장의 가장 큰 문제점은 지난 수십 년간 부동산을 축으로 지방정부들이 경쟁적으로 성장해 온 과정에서 켜켜이 쌓인 부채와 경제의 비효율성이다. 부동산 경기가 멈추면 투자와 소비가 타격을 받아 빚 갚기가 더 어려워지고, 부동산 경기를 부양하기에는 집과 부채가 둘 다 너무 많다는 점이 딜레마다.

중국정부는 그간 경제발전 과정에서 과잉중복 투자된 저효율 구경제 산업에 대해 2017년에서 2018년 중 구조조정을 단행한 바 있다. 철강, 화학, 조선, 석탄, 유리 산업이 그 대상이었다. 하지만 코로나19를 거치면서 지방정부 부채는 더 늘어났고 급기야 2021년 12월 헝다그룹(恒大集团)에 이어 2023년에는 완다그룹(萬達集团), 그리고 중국 1위 부동산 개발업체 비구이위안(碧桂園, 컨트리가든)에 이르기까지 초대형 부동산 기업들의 부채 문제가 중국 경제를 짓누르고 있다.

헝다그룹의 경우 2021년과 2022년 한화 102조 원 적자에 2022년 기준 430조 원(2조 4,400억 위안)의 총부채에 허덕이고 있는데 구조조정에 난항을 보이면서 최근 청산 가능성이 대두되고 있다. 비구이위안도 2023년 대규모 적자에 현재 1조 3,700억 위안(약 258조 원)의 막대한 채무를 안고 있는데 2023년 10월 기준 사실상 디폴트(채무불이행)를 선언했다. 비구이위안의 경우 만기도래 예정인 채무가 2024년 30억 달러에서 2025년에는 73억 달러로 급증할 전망이고 2026년에 줄어들겠지만 2024년보다는 많은 43억 달러로 예상되고 있다. 채무위기에 시달리고 있는 중국 부동산 개발회사가 발행한 달러표시 회사채 가운데 약 70%인 1,245억 달러 상당의 채권이 채무불이행 상태인 것으로 알려져 있다.[87]

중국의 부동산 문제는 막대한 부채 규모로 볼 때 단기간 내에 해결이 벅차 보인다. 중국 국가금융발전소연구소(NIFD)에 따르면 중국의 총부채(정부, 기업, 가계부채의 합)는 2023년 3월 말 기준 GDP의 281.8%로 계속 최고치를 경신하고 있다. 이 중에서도 특히 기업부채는 GDP의 167%에 달하고 있는데 최근에 더욱 빠르게 늘

---

87   자료: 크레디트사이츠(CreditSights)

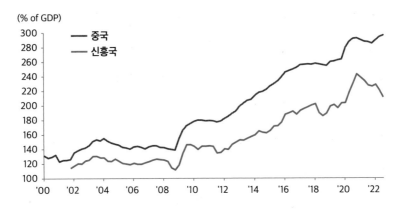

신흥국 전체보다 빠르게 증가한 중국부채

(% of GDP)

—— 중국
—— 신흥국

자료: BIS
주: 정부, 기업, 가계부채의 합

고 있다. 중국의 기업부채가 더 문제인 이유는 지방정부의 토지 등 자산을 담보로 재원을 조달해 인프라 투자를 벌여 온 중국 특유의 특수목적 법인인 '지방정부 융자기구(LGFV)'[88]의 채무가 천

---

88 중국의 지방정부금융기구(Local Government Financing Vehicles)는 지방정부의 토지사용권을 담보로 투자자금을 조달하는 특수목적 법인을 말한다. 중국 지방정부는 LGFV를 통해 재정자금을 충당하는데 이는 공식 데이터에 포함되지 않는 일종의 그림자 금융이다. 경기 둔화, 지방정부의 재정수입 감소, 금리 상승 등이 길어질 경우 LGFV의 채무상환에 문제가 생겨 중국 전체의 금융 안정성에 부담을 줄 수 있다. LGFV에 대한 정확한 통계는 없으나 2021년 기준으로 중국 신용평가사들은 LGFV 부채를 약 60조 위안으로 추정한 바 있는데 이는 중국 GDP의 절반 규모이자 알려진 지방 정부부채 37조 5,000억 위안의 1.5배가 넘는 규모다.

문학적 규모로 추정되고 있기 때문이다. LGFV부채는 기업부채로 분류되므로 실제 지방정부가 감당해야 할 부채는 알려진 것보다 클 것이다. 우선 문제는 LGFV가 안고 있는 부채의 불확실성에 있다. 지방정부가 투자한 인프라의 수익성 저하와 지방정부의 재정수입 감소(그간 재정의 40%를 토지사용권 매각에 의존), 막대한 규모의 지방정부 부채 정리 과정에서 겪을 구조조정 여파(성장률 저하)는 지금 중국경제가 풀어야 할 무거운 과제다.

부동산과 금융을 연결하는 고리인 신탁 부분의 잠재적 균열도 최근 커지고 있다. '그림자 금융'의 상징으로 보는 자산관리 회사 중즈(中植) 그룹이 최근 파산을 신청했기 때문이다. 비제도권 금융기관이나 상품을 뜻하는 그림자금융의 중국 내 규모는 현재 약 3조 달러로 추산되고 있다.

중국 중앙정부로서는 빚이 많은 부동산 개발업체들과 지방정부를 구제하거나 구조조정을 단행하고 이미 착공된 주택들의 완공을 도와 위험이 더 확산되는 것을 막는 일이 시급하다. 하지만 과잉 고정투자 후유증을 치유하고 부채를 조정하는 과정에서 정부가 문제의 근원을 해결하기보다 비효율은 그대로 놔둔 채 겉만 봉합하기에 바쁘다면 자칫 1990년대 일본의 전철을 밟을 수도 있다. GDP 대비 중앙정부 부채비율 21.4%는 지방정부 부채비율 30.1%, 가계부채 비율 63.3%, 기업부채 비율 167%보다 현저히 낮고 다른 나라와 비교해서도 높지 않다. 결국 이 문제는 중앙정부가 LGFV를 포함한 기업부채와 지방정부 부채를 떠안는 방식으로 시간을 두고 해결할 가능성이 높다.

중국경제가 토목경제에 의존해 경제를 부흥시켜 온 것은 모든 신흥국들이 밟아 온 과정이라 크게 문제가 되지 않지만 부동산에 대한 경제 전체의 의존도가 너무 높고 부채를 더 늘리는 성장 방식은 이제 거의 한계에 달했다는 점이 문제의 본질이다. 2023년 중국 GDP에서 부동산 부문이 차지하는 비중은 약 25%인데 전후방 연관 효과까지 합치면 이보다 훨씬 클 것이다. 더욱이 지금 중국은 도시 개발과 산업화가 얼추 진행된 상태여서 지금부터 부동산 의존도를 줄여나가지 않으면 경제 전체가 활력을 잃을 수도 있다.

내륙 서부의 추가 개발, 고부가 첨단 산업 육성, 그리고 견고한 내수 부양 등이 앞으로 중국의 경제정책 뼈대가 될 것인데 이들 정책이 성공하려면 우선 지방정부 부채와 기업부채가 일부 정리되고 특히 부동산 개발 업체들의 악성 부실이 어느 정도 해소되어야 한다. 이런 의미에서 2024~2026년은 중국경제의 넥스트 안정 성장을 위한 체질 개선 기간이라고 봐야 하고 그 순조로운 진행과 성과 여부에 앞으로 중국의 미래가 달려있다고 봐도 과언이 아닐 것이다. 문제는 중국이 세계 GDP에서 차지하는 비중이

22%에 달하고 특히 아시아 경제권의 중국 의존도는 더 높아 중국의 구조조정, 부채조정 기간 중에 세계경제의 위축과 불안정성이 커질 수 있다는 점이다. 특히 우리나라에 올 영향이 작지 않을 것 같다.

M o n e y   S t o r m

제4부

$

과거는 잊어라,
변해야 살아남는다

앞서 우리는 유동성 포퓰리즘 환경과 세계경제의 장기 프레임 변화, 그리고 각 자산시장에서 앞으로 일어날 만한 여러 변화들에 대해 다양한 시각을 나눴다. 이제 마지막 제4부에서는 이를 토대로 우리의 대응 과제를 모색해 볼 차례다. 여전히 전 세계에 큰돈이 유유히 돌아다니고, 물가와 금리는 예전과 같이 속 시원하게 떨어지지 않는다면 정부와 기업 그리고 금융투자자들의 전략에도 상당한 변화가 있어야 마땅할 것이다. 이러한 관점에서 먼저 자칫 현실로 다가올 수 있는 '한국의 잃어버릴 향후 10년'에 대해 먼저 살펴본 다음 구체적인 정책과 전략을 정리해 보고자 한다.

자칫하면 잃어버릴 한국의 향후 10년

세계은행(World Bank)은 최근 보고서를 통해 '세계경제는 경제 발전의 황금시대가 끝나가고 있다'면서 앞으로 '잃어버린 10년 (Lost Decade)'이 오고 있다는 어두운 전망을 발표했다. 인구 고령화로 인한 생산가능인구의 감소, 노동생산성 정체, 자본조달 환경 악화로 인한 투자 부진이 향후 세계경제 성장을 가로막는 주 요인이며 이로 인한 세계경제의 일본화(Japanization) 가능성을 경고했다. 세계은행은 세계경제의 잠재성장률이 2000~2010년 3.5%에서 2011~2021년에는 2.6%로 떨어졌는데 2022~2030년 기간에는 2.2%로 더 낮아질 것으로 전망했다.[89] 만약 이러한 세계 경제의 성장 잠재력 둔화가 사실이라면 이는 우리 경제와 무관한 일일까?

우리나라 경제는 지금 안으로는 인구 고령화와 과도한 가계부채 문제, 산업경쟁력 보강과 탄소제로 달성 과제를 안고 있고 밖으로는 글로벌 분업구조 변화에 대한 대응 과제를 안고 있다. 우리나라 잠재성장률은 2000년대 4~5% 부근에서 2010년대에 들어와서는 3.0% 초반으로 낮아졌고 최근 1.9~2.0%까지 낮아진 것으로 추정되고 있다. 노동기여율의 마이너스 전환과 자본기여율의 축소가 뚜렷하게 진행되는 가운데, 적절한 생산성 혁신이 이뤄지지 않을 경우 앞으로 한국의 잠재성장률은 그 이하로 계속 내려갈 위험이 있다.

한국경제의 앞날을 내다보고 거창하게 민족이 나아갈 길을 제언하기에는 필자의 식견이 너무 짧고 일천하다. 다만 마켓 이코노미스트 중 한 사람으로서 실물경제에서 열심히 일하시는 분들과 많은 투자자들이 지금부터 한국경제의 어떤 구조적인 변화에 초점을 두고 대비해야 할지를 먼저 짚어보고자 한다.

---

89   World Bank 2023. Falling Long-Term Growth Prospects

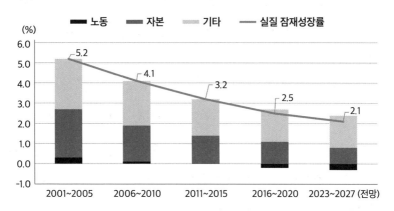

한국 잠재성장률 추이와 전망

■ 노동 ■ 자본 ■ 기타 ── 실질 잠재성장률

자료: 한국은행

구체적인 전략을 세우기에 앞서 자칫 현실로 다가올 가능성이 높아진 '한국의 잃어버릴 향후 10년'에 대해 먼저 살펴보자. 다음 세 가지 예고된 위험을 극복하지 못한다면 한국경제는 10년 후쯤 '잃어버린 10년'을 회고해야만 할 것이다. 하지만 정부와 많은 기업들이 이 '잃어버릴 10년'의 함정으로부터 멀리 떨어져 부단히 혁신할수록 10년 후 한국은 한 단계 더 높은 곳에 도약해 있을 것이다. 또한 이 '잃어버릴 10년'에서 멀리 떨어져 있는 기업과 투자자는 10년 후 오히려 위험을 기회로 만든 승리자로 기록돼 있을 것이다.

첫째, 수출의 장기 부진 위험

한국경제 앞에 놓여 있는 가장 큰 위험은 수출이 장기간 부진의 늪에 빠질 위험이다. 1990년대와 2000년대, 그리고 2011년 이후 한국과 OECD 국가 전체의 연평균 수출 증가율을 비교해 보면 한국 수출은 근래에 올수록 확연히 둔화되고 있다. 2000년 대까지 OECD 평균의 2배가 넘었던 한국의 수출 증가율은 2010년대 들어와 OECD 평균보다 오히려 낮아진 것이다. 중국경기 호황이나 반도체 슈퍼사이클(2017년)로 잠시 묻히기도 했지만 2011년 즈음부터 수출경쟁력 지수로 보나 전체 수출금액으로 보나 철강, 석유화학, 자동차 등 개별 주력 수출 산업의 실적으로 보나 한국의 수출에 뭔가 심각한 문제가 생긴 것이 분명하다.

2018년 26.8%였던 한국의 대중국 수출 비중은 최근 빠르게 줄어들어 2023년 상반기에는 20% 밑으로 낮아졌다. 2018년부터 본격화된 미중 갈등 영향이 큰데 특히 반도체의 중국시장 점유율 감소폭이 컸다. 물론 미국과 유럽 쪽 수출 비중이 커지고는 있지만 금액 면에서 대중 수출 감소분을 대체할 정도는 아니다. 2010년 이후부터 지금까지 장기간으로 크게 보면 우리 수출총액은 정체에 가깝다. 우리나라 수출은 2010년 이후 연간 5,000억 달러에서 크게 벗어나지 못하고 있으며 일평균 수출도 20억 달러에서 큰 변화가 없다. 무역수지 흑자 규모는 2017년 이후 계속

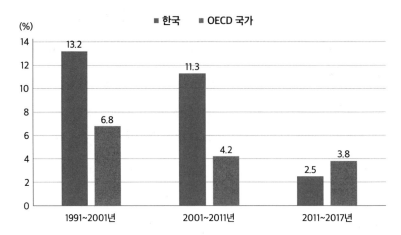

둔화되고 있는 한국 수출 증가율

■ 한국   ■ OECD 국가

(%)

	1991~2001년	2001~2011년	2011~2017년
한국	13.2	11.3	2.5
OECD 국가	6.8	4.2	3.8

자료: IMF

줄어들고 있고 2022년에는 적자를 기록했다. 이는 이즈음부터 우리 기업들의 수출채산성이 약해지고 있음을 시사한다.

대중국 수출비중 감소와 무역수지 둔화는 어느 정도 예견된 바다. 중국의 고도 성장기에 수출 효자였던 화학, 철강, 조선 등이 중국경기 부진과 함께 약해지는 것은 당연하다. 또 중간재는 부가가치 사슬(value chain) 변화와 수출 규제로 인해, 자동차와 일반소비재는 중국기업의 텃세와 경쟁 심화로 각각 대중 수출이 약해져 왔다. 좀 더 시간을 두고 관찰할 일이지만 코로나19를 거치면서 중국의 수입 총량은 줄었는데 무역 갈등 당사국인 미국의 대중 수출은 오히려 늘었고 대만의 대중 수출도 우리보다 적게 감소한 점은 우리의 수출 경쟁력에 문제가 있음을 시사하고 있다.

2011년 즈음부터 나타난 한국의 수출 부진은 과연 일시적인 현상일까? 이에 대해 서울대학교 행정대학원 박상인 교수의 책 일부분을 인용해 설명하고자 한다. 박상인 교수는 한국의 수출 부진은 주로 하이엔드 산업에서의 혁신 부족에 기인하고 있는데 이는 1970~1990년대 굳어진 산업체제와 무관하지 않다고 풀이하고 있다. 박상인 교수는 공정혁신에 의존한 범용재 중심의 수출 구조와 대기업의 하청 구조에 있는 많은 중소기업들의 저부가가치, 그리고 그것을 돕는 대기업의 블록화가 문제라고 지적한다. 중소기업의 기술혁신 동기 약화와 다양성이 결여된 산업 구조가 융합형 혁신(예를 들면 자동차와 IT 및 소프트웨어 산업의 결합)을 방해하고 있다는 것이다. 혁신성장이 지체되면 대기업과 중소기업의 임금이 벌어지고 그로 인해 소득 불평등과 조기퇴직, 청년실업, 자영업자 문제와 노인빈곤, 저출산 등 우리 사회의 수많은 난제들이 근원적으로 풀릴 수 없다고 본 것이다. 그렇다면 지금이라도 산업 구조를 전환하고 혁신성장이 쉽게 일어나도록 구조를 개선하는 노력이 필요해 보인다. 박상인 교수는 특히 대기업과 중소기업의 전속관계가 아니라 진입과 퇴출이 자유로운 공정한 경쟁체제가 시급하다고 주장하는데 이는 창조적 파괴가 일어나도록 전체 경제 시스템을 바꿔 나가야 한다는 것이다. 어떤 기업이 성공할지 모르는 혁신성장 생태계에 걸맞게 자본주의 시장환경을 조성해 가는 게 중요하다고 그는 책을 통해 강조한다.[90] 결국 지엽적이고 단기적인 정책으로는 한국경제를 근원적으로 바꿀 수 없음을 강조하고 있다. 한국경제의 '대개조'를 위해서는 발상의 대전환, 정책의 대전환이 필요한 것이다.

돌이켜 보면 1990년 이후 지난 30여 년간 한국 경제의 성장을 책임져 온 수출은 기업의 국제화와 수출시장 다변화에 힘입은 바 컸다. 우리 기업이 세계시장을 넓힐 수 있었던 배경엔 우리 상품의 우수한 경쟁력도 있었지만 기업들의 놀라운 시장 개척 의지가 한몫했다. 지난 시절 한국기업이 일본을 제치고 세계 곳곳을 누빌 수 있었던 힘이기도 하다.

우리나라는 지금부터 대중국 수출이 감소하는 것 이상으로 다른 시장에 대한 수출을 늘려야 한다. 여기엔 당연히 혁신 성장을 통한 고부가 산업의 역할이 중요하다. 신흥국 황금 수출어장 개

---

90 『지속 불가능 대한민국: 고도성장의 기적 이후, 무엇이 경제 혁신을 가로막는가』 박상인 지음, 21
    세기북스, 2022년

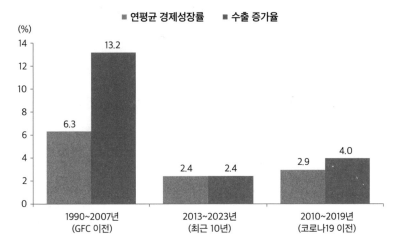

경제성장을 주도하지 못하는 수출 증가율

■ 연평균 경제성장률   ■ 수출 증가율

(%)

- 1990~2007년 (GFC 이전): 연평균 경제성장률 6.3, 수출 증가율 13.2
- 2013~2023년 (최근 10년): 연평균 경제성장률 2.4, 수출 증가율 2.4
- 2010~2019년 (코로나19 이전): 연평균 경제성장률 2.9, 수출 증가율 4.0

자료: 통계청
주: 2023년 국민총생산(GDP)은 2분기까지의 데이터를 연간화한 값으로 사용

척도 중요한데 인도, 베트남 등 아세안(ASEAN)[91] 지역과 중동, 중앙아시아, 동유럽, 남미 등 인구가 많은 신흥국에서 중국에 대한 수출 부족분을 보전해 가야 한다. 한국기업들은 중국경제가 왕성한 성장을 보였던 지난 2012~2013년경부터 베트남 등 중국 이

---

91   동남아시아국가연합(ASEAN)은 1967년 8월 창설되었으며, 현재 아세안 10개국(태국, 브루나이, 캄보디아, 인도네시아, 라오스, 말레이시아, 미얀마, 필리핀, 싱가포르, 베트남)으로 구성되어 있다. 이후 아세안 10개국과 긴밀한 정치-경제 관계를 유지하고 있는 한국, 중국, 일본과의 협력 필요성에 따라 ASEAN+3 체제가 출범했다.

외의 지역으로 시장개척과 우회 수출을 도모해 왔다. 지금이 바로 다시 한 번 글로벌 수출시장 대개척이 필요한 시기다.

둘째, 고정투자 부진이 장기화될 위험

두 번째로 한국경제의 중대한 위험이자 약점은 고정투자 부진의 장기화 위험이다. 고정투자는 어느 나라나 경제가 성숙 단계에 이르면 자연스럽게 둔화되는 게 정상이다. 생산인구 감소와 고령화, 높은 가계부채 비율은 주거용 부동산 투자를 제한하는 요인이고, 정부부채 부담과 비용 대비 효익의 부족은 사회간접자본 인프라 투자를 억제하는 요인이다. 또한 입지적 매력의 약화로 국내 설비투자도 정체되기 쉽다. 아울러 미국의 자국 투자 압박과 무역장벽 회피, 탄소제로 달성을 위한 해외진출도 국내 설비투자의 둔화 요인이다. 해외에 나가 있는 우리나라 기업이나 외국기업에 대한 국내 투자 인센티브 부족, 공장 건설 규제나 절차상의 까다로움도 국내 설비투자를 방해하는 요인이다. 2019년 용인 반도체 클러스터 부지를 선정하고도 환경평가에 대한 지역 민원, 토지보상 장기화 등으로 착공이 계속 지연되어 온 SK하이닉스 용인 공장은 2025년에야 착공될 전망이다. 물론 이에 반해 현대차 울산 전기차 신공장은 국내 신공장 허가 최단 기간(1년)으로 기록됐지만 아직은 희소한 사례다.

2017년까지 삼성전자, SK하이닉스 등 민간 주도로 622조 원이 투입되는 반도체 메가 클러스터 조성에는 전력, 용수부터 차질이 없도록 총력 지원을 해야 한다. 기업의 해외공장 이전은 산업 공동화, 즉 국내 생산 설비의 증발을 뜻한다. 노동력과 생산 설비, 제조업 생태계가 모두 해외로 빠져나가는 심각한 현상이다. 이렇듯 국내 건설투자와 설비투자의 정체 및 둔화는 일자리 증발로 이어져 결국 소비 여력을 위축시킨다. 내수경기가 갈수록 취약해질 게 분명하다.

그렇다면 어떤 대책이 필요할까? 해야 할 일보다 하지 말아야 할 일이 우선이다. 인위적으로 고정투자를 늘려 성장을 보전하려는 정책이야말로 피해야 할 정책이다. 국가가 효율성이 낮은 곳에 돈을 마구 써서 빚을 늘리면 그만큼 조세부담과 금리 상승, 환율 상승이란 비용을 지불해야 하고 그 부담은 다시 국민에게 고스란히 되돌아온다. 생산성이 낮은 설비투자와 수익성이 낮은 애물단지 사회간접자본 투자는 한 번의 투자로 끝나는 게 아니라 빼도 박도 못하는 비효율과 매몰비용이 오랫동안 지속된다. 경제 성장률을 단지 몇 분기 영 점 몇 퍼센트 포인트 끌어올리는 휘발성 단기 정책은 최악이다. 사회간접자본 투자의 예비 타당성 평가에 보다 엄격한 법적 장치를 마련하고 평가 책임제를 도입해 정치적 입김에 휘둘리지 않도록 제도화해야 한다. 선거 때마다

나오는 무분별한 지방 사회간접자본 투자 공약은 망국병이다. 가계가 무리하게 빚을 늘려 고가의 주택에 들어가 살도록 독려하는 단기 주택시장 부양책도 결국 가계부채 증가와 집값 변동성만 남길 뿐 결코 지속가능한 정책이 될 수 없다.

기업의 설비투자를 촉진하려면 금리인하 등 통화정책보다는 적절한 재정정책 지원과 산업별 맞춤형 핀셋 지원정책이 필요하다. 또한 앞서 살펴본 바와 같이 혁신성장이 제대로 일어나도록 근원적 구조개선이 필요하다. 가장 좋은 설비투자 부양책은 정부가 직접 민간에 개입하기보다 시장이 알아서 일을 하도록 만드는 시장의 효율성을 높이는 정책이다.

즉 '돈이 되는 쪽'으로 자연스럽게 돈이 몰릴 수 있도록 돈 길을 터주고 진입 퇴출이 자유롭게 일어나도록 돕는 정책이 가장 실효성이 있다. 혁신기업들이 증시를 통해 자본을 조달하도록 신규상장 제도를 혁신적으로 개선하고 중소기업과 벤처기업의 생태계를 보다 견고히 구축하고, 해외에 있는 우리 기업들이 더 많이 국내로 돌아와 일자리를 만들도록 당근을 주는 정책이 필요하다. 또한 해외투자 시 핵심설비는 국내에 두고 해외 현지에는 가능한 조립공정 위주의 설비투자로 이원화함으로써 산업 공동화와 기술유출을 최대한 막는 노력이 필요하다.

제2부에서 다룬 환경문제(탄소중립)와 관련해 한국은 특히 산

업 전환의 필요성이 어느 나라보다 시급하다. 우리나라의 경우 GDP에서 제조업이 차지하는 비중이 27.5%로 일본(20.5%), 독일 (19.1%), 이탈리아(14.9%), 미국(11%), 프랑스(9.8%), 영국(8.7%) 등 선진국보다 월등히 높다. (2019년 기준) 더욱이 그간 선진국들의 제조업 비중은 현격히 낮아진 반면, 우리나라의 제조업 비중은 지난 10년간 거의 변화가 없다. 문제는 그 제조업 중 아직 탄소배출량이 많은 철강, 화학 등 중화학 공업의 비중이 높다는 점이다. 반도체 산업 역시 해외 동종 업체에 비해 탄소배출량이 높은 편이다.

시시각각으로 다가오는 탄소중립 로드맵에 한국은 물리적으로 매우 불리한 상황에 몰리고 있다. 대응이 더 늦어질 경우 자칫 한국의 제조업 중 상당수는 가동이 축소되고 일부는 탄소중립을 충족하기 위해 해외로 빠져나가 이들이 현재 위치한 지역경제는 장기불황에 빠질 위험이 있다. 단지 고정투자 부진이 아니라 설비의 강제적 구조조정과 산업 공동화 위험이 도사리고 있다는 것이다. 정부의 산업전환 정책과 기업의 대응이 더 이상 안일할 수 없는 이유다.

서울대 박상인 교수는 한국이 아직도 모방형 경제에서 탈피하지 못하고 혁신형 경제로의 이전이 더디다고 지적한다. 모방형 경제에서는 대표 대기업이 빨리빨리 선진국 기술을 모방(catch up)하는 방식으로 경제가 성장할 수 있었지만 혁신형 성장 단계에서는 기업이 자유롭게 활동할 수 있도록 시장경제가 잘 작동되어야 하고 정부는 이에 지나치게 간섭해서는 안 된다는 것이다. 혁신형 경제에서는 어느 벤처기업이 유니콘이 되고 세계적 기업으로 도약할지 모르는 불확실성이 존재하고 그 '불확실성 자체가 성장 동력'이기 때문에 대기업과 관료집단의 기득권 사수와 정책적 예단, 인위적 판단이 오히려 혁신을 방해할 수 있다. 누가 스티브 잡스가 될지 모르는 경제가 혁신경제의 핵심이다. 그러므로 정부가 주도하는 기술개발 지원정책이나 유망기업 육성정책 등은 근본적으로 잘못된 정책이고 한계가 있다고 박상인 교수는 역설한다.[92] 특히 국책연구의 경우 연구결과의 실패를 오히려 허용하고 장려해야 하며, 모험적 자본이 연구개발과 혁신 벤처 기업으로 흘러들어갈 수 있도록 물꼬를 터주고 장애물을 없애주는 노력이 필요해 보인다.

셋째, 부채가 성장을 발목 잡을 위험

세 번째는 부채 함정에 빠질 위험과 그로 인해 구조적 불황이

---

92 『지속 불가능 대한민국: 고도성장의 기적 이후 무엇이 경제 혁신을 가로막는가』 박상인 지음, 21세기북스, 2022년

장기화될 위험이다. 부채 문제는 제3부 부동산 부문에서 상세히 다뤘기에 반복하지는 않겠다. 다만 여기선 정부, 기업, 가계부채가 국민경제에 미치는 파생 위험에 대해 짚고 넘어가고자 한다.

먼저 GDP 대비 정부부채 비율의 상승은 특히 달러 강세 국면에서 원화의 평가절하 압력을 높인다. 만약 유가상승이나 수출부진으로 무역수지 흑자가 줄어드는 국면과 만나면 우리 환율은 더 약해지고(원/달러 상승) 이로 인해 수입물가가 올라 경제에 부담이 커질 수 있다. 2023년이 바로 이런 상황이다. 기업부채는 다른 나라도 비슷한 입장이지만 양극화가 더 문제다. 대출금리가 예전보다 더 높은 영역에서 장기간 머물면 자본이 효율적으로 배분되는 긍정적인 측면도 있지만 성장과 고용의 중요한 축을 감당하고 있는 수많은 중소기업들과 미래를 이끌어갈 벤처기업들이 어려움을 겪는 부작용도 크다.

우리나라 경제가 한 단계 도약하려면 중소기업들의 역할이 중요한데, 부채에 취약하다는 이유로 기술력 있는 중소기업들이 쓰러지고, 유망한 스타트업[93]과 벤처기업들이 제대로 꽃을 피워보

---

93 설립된 지 얼마 되지 않은 신생 창업기업을 의미한다. 1990년대 후반 IT 관련 분야가 성장하면서 창업하는 기업들이 생겨나던 시기에 미국 실리콘밸리에서 생겨난 용어다. 벤처기업은 첨단기술과 아이디어를 기반으로 새로운 사업을 추진하는 중소기업으로 자금력이 부족한 스타트업과는 달리 비교적 안정적으로 운영되는 특징이 있다.

지도 못한 채 무더기로 사라지는 일이 일어나서는 곤란하다. 은행들은 현재 담보가치에 기반해 여신을 관리하기 때문에 중소기업들은 신용시장에서 절대 약자다. 자본시장 기능마저 이를 보완해 주지 못한다면 미래를 짊어질 수많은 유망 중소 벤처기업들은 이 나라에서 뿌리를 내리지 못할 것이고 우수 인재들은 해외로 다 빠져나갈 것이다.

이미 개봉했지만 앞으로 더욱 선명해질 4차 산업의 파노라마에는 하드웨어와 소프트웨어의 결합, 다른 업종 간 융합형 혁신, 핵심 부품 소재의 공급이 특징을 이룰 것이기에 중소기업과 벤처들의 역할이 매우 중요하다. 다양하고 혁신적인 기술 산업의 성장, 혁신 벤처기업의 세계적 도약(미국의 많은 빅테크 기업들이 그렇게 성장해 왔다) 없이 대기업, 중견기업만으로 이 엄중한 과제를 풀기는 어렵다. 물론 대기업의 역할도 중요하지만 많은 혁신 중소기업과 유니콘 기업, 벤처기업, 스타트업 기업들의 살아 움직이는 효율적인 생태계 없이는 대기업의 성장도 이제 한계가 있을 것이다.

벤처기업의 생태계를 알 수 있는 것 중 하나로 유니콘(Unicorn) 기업을 들 수 있다. 유니콘 기업은 기업가치 10억 달러 이상인 비상장 스타트업 기업을 말한다. 원래 유니콘은 뿔이 하나 달린 말처럼 생긴 전설상의 동물을 말한다. 스타트업 기업이 상장도 하기 전에 기업가치가 1조 원 이상 되는 것은 마치 상상 속에서나 가능한 일이라는 의미로 사용된다.

미국 기업분석회사 CB 인사이트(CB insight) 에 따르면 2023년 5월 말 기준 글로벌 100대 유니콘 기업의 국가별 비중은 미국 59개, 중국 12개, 영국 7개, 인도 6개, 독일 3개, 캐나다와 이스라엘이 각 2개로 나타났으며 한국은 단 1개(toss)만 포함된 것으로 조사되었다. 한국경제연구원은 '글로벌 100대 유니콘 기업과 국내 신산업 규제 완화 및 개선방향' 보고서를 통해 글로벌 100대 유니콘 기업 가운데 17개는 한국에서는 산업규제로 인해 사업이 애당초 불가능하거나 제한적인 것으로 분석했다. 이 보고서는 4차 산업혁명 시대에 기술 주도권을 갖는 것은 글로벌 산업경쟁력 확보를 위해 반드시 필요한 과제인 만큼, 기술발전 속도에 맞게 규제를 완화하고 관련 법규를 개선해서 국내 스타트업들이 활발하게 성장할 수 있도록 그 기반을 마련해야 한다고 분석했다. 물론 정부가 2019년 규제 샌드박스를 도입한 이래 여러 산업 규제가 크게 완화되고는 있지만 여전히 공유숙박, 승차공유, 원격의료, 여러 신기술 분야에서 규제가 많다는 주장이다. 또 한국경제연구원 보고서는 스타트업과 국내 대기업 간의 연계와 투자가 원활하게 이루어질 수 있는 환경 조성이 필요하다고 지적하고 민간 인수합병 활성화를 위해서는 기업형 벤처투자(CVC) 활성화가 필수적이라고 강조했다. (한국경제연구원, 2023. 7, 이규석, 조경엽 참고)

정부와 기업의 과제

분업질서 변화에 적극 대응

북미에서 최종 조립한 전기차에 대해 대당 최대 7,500달러의 세액공제 혜택을 제공하는 미국 인플레이션 감축법(IRA)이

2022년 8월 발효됐다. IRA는 미국 내 투자와 생산 확대를 지향하고 있어 우리 산업에 영향이 적지 않다. 같은 시기에 발효된 '반도체칩과 과학법(CSA)'과 함께 첨단 산업에서 미국 중심의 공급망 구축으로 향후 중국을 견제하려는 의도가 짙다.

IRA 중 특히 주목할 조항은 미국에서 판매되는 전기차 세액공제 적용 조건이 명시돼 있는 '섹션 13401'다. 이는 전기차 세액공제 혜택을 받으려면 최종 조립 요건과 배터리 핵심 광물 및 부품 조달 요건을 모두 충족해야 한다는 조항이다.

세부 내용을 보면, 첫째 '최종 조립 조건'은 북미에서 최종 조립된 전기차만 세액공제 혜택을 받을 수 있다는 조항인데 발효 즉시 적용됐다. 둘째로 '배터리 핵심 광물 조건'은 전기차 배터리 안의 핵심 광물 사용에 관한 조항으로 미국 또는 미국 자유무역협정(FTA) 체결국에서 추출·처리되거나 북미에서 재활용된 광물을 일정 비율 사용한 경우에 한해 세제 혜택을 받을 수 있다는 내용이다. 핵심 광물 비율은 매년 늘어나 2027년 이후 80%까지 높아지는 구조다. 마지막으로 '배터리 부품 조건'은 전기차 탑재 배터리 부품 중 북미에서 일정 비율 이상으로 제조·조립된 경우에 한해 일정 규모의 세금 혜택을 받을 수 있다는 내용이다. 배터리 부품 조건은 2023년 50%에서 2029년 이후는 100% 북미에서 제조, 조립이 이뤄져야 한다는 것이다.

IRA는 'Inflation Reduction Act'의 약자로 친환경 에너지, 헬스케어 등에 4,370억 달러 규모의 재정을 투입해 인플레이션을 억제하고, 기후 변화에 대응하겠다는 취지에서 제정됐다. 조 바이든 대통령 취임 후 1년 넘게 추진한 2조 달러 규모의 '더 나은 재건(BBB)법'이 과다한 예산 규모 등의 이유로 의회의 반대에 부딪히자 이를 축소해 IRA 법안이 새롭게 마련됐다. 기후 대응, 의료비 지원, 법인세 인상 등을 골자로 한 이 법은 2022년 8월 26일 발효됐다. 특히 이 법에서는 전기차 구매 시 보조금(세액공제 혜택)을 받기 위해서 전기차 제조에서 중국 등 우려 국가의 배터리 부품과 광물을 일정 비중 이하로 낮추도록 규정했다. 법안 구조를 보면 재정 투입의 84.4%인 3,690억 달러 예산이 에너지 안보 및 기후 변화 대응에 편성됐다. IRA에는 세입을 7,370억 달러 이상 확대해 재원 마련은 물론, 미국 경제의 만성적 재정적자 문제를 해소하겠다는 의도도 담겨 있다. (관련법 원문, 언론 기사 참조)

반도체 칩과 과학법(CHIPS and Science Act of 2022)은 미국이 반도체 분야에서 중국에 대해 기술 우위를 유지하기 위해 마련한 반도체 생태계 조성법이다. 반도체와 과학산업에 2,800억 달러를 투자하는 것을 골자로 하며 2022년 의회를 통과해 동년 8월 9일 발효됐다. 미국에 반도체 공장을 짓는 글로벌 기업에 25%의 세액 공제를 적용하는 방안도 담겨있지만 미국 반도체 기업에 향후 10년간 240억 달러를 지원하는 것이 핵심이다. 미국에 반도체 생산시설을 지으면 업체당 최대 30억 달러의 보조금을 받고 보조금을 받으면 가드레일(안전장치) 조항에 따라 10년간 중국 등 우려 국가에 반도체 시설을 투자하는 데 제한을 받는다. 미국 내 반도체 제조설비를 투자하고 있는 삼성전자를 비롯해 인텔, TSMC 등이 이 법의 적용 대상이다. 특히 200억 달러를 투자해 오하이오주에 반도체 공장을 건설하는 인텔이 당장 가장 큰 수혜 기업이 될 전망이다. (네이버 지식백과, 한경 경제용어사전 참조)

IRA는 국내 자동차 산업에 직접적인 영향을 준다. 최종 조립 조건을 충족하는 미국기업은 물론 독일, 일본 등 경쟁 기업들도 모두 대당 7,500달러 상당의 세제 혜택을 받는다. 이에 따라 현대차도 미국 현지 생산을 확대하고 있다. 시간이 지날수록 점차 엄격해질 배터리 관련 규정을 모든 기업들이 다 충족하기란 사실상 어렵다. 흑연은 중국이 세계 전체 생산 물량의 82%를 점하고 있고 리튬 정제는 미국의 FTA[94] 미체결 국가인 인도네시아에서 주로 이뤄지고 있다. 배터리 핵심소재인 양극재와 음극재[95] 또한 중국 의존도가 60%를 넘는다. IRA 발효로 세계 자동차제조협회(AAI)는 수년 내 모든 전기차가 미국에서 세제 혜택을 받지 못할 것이라고 주장한다.

전기차에 비해 2차전지 산업에서는 우리 기업이 북미 지역 생산 기반 확대 규모와 속도 면에서 모두 일본이나 중국기업보다 우위에 있고 미국 내 제조 기반을 갖춘 완성차 업체와 협력 관계를 유지하고 있어 IRA 발효가 중장기로 봤을 때 유리하게 작용할 것으로 기대된다. 특히 IRA 발효 이후 미국시장에서 중국 배터리 기업의 배제가 더 빨라질 것으로 보여 우리 기업의 반사이익이 기대된다. 다만 리튬, 흑연 등 핵심 광물의 생산 및 정제에서 중국

---

94   FTA(Free Trade Agreement, 자유무역협정)는 협정을 체결한 국가 간에 상품 및 서비스 교역에 대한 관세 및 무역장벽을 철폐함으로써 배타적 무역특혜를 서로 부여하는 협정이다. 자유무역 협정은 역내 관세철폐, 역외 공동 관세부과, 역내 생산요소의 자유이동 보장, 역내 공동 경제 정책 수행, 초국가적 기구 설치 및 운영 등의 내용을 포함하고 있다.

95   현재 2차전지 시장에서는 가볍고 높은 용량으로 구현할 수 있는 리튬이온 배터리가 주를 이루고 있다. 리튬이온 배터리는 양극재, 음극재, 분리막, 전해질로 구성되며, 양극재와 음극재는 배터리의 용량과 수명, 충전속도를 결정하는 데 가장 핵심이 되는 소재다. 한편 양극재는 배터리의 용량과 평균 전압을 결정하고 음극재는 충전 속도와 수명을 결정한다.

미국 텍사스주 테일러시 삼성전자 공장 부지 전경
출처: 삼성전자 DS사장 경계현 인스타그램

에 대한 높은 의존도는 해결해야 할 과제다. SNE리서치에 따르면 한국 배터리 3사는 최근 미국 진출을 적극 추진 중인데 계획대로 미국 내 생산기반이 확충되면 2025년 미국 시장 합산 점유율이 56.4%에 달할 전망이다. [96]

96 LG에너지솔루션은 홀랜드에 독자 공장을 운영 중이며, GM과 합작으로 공장 신설을 추진하고 있고 스텔란티스와는 공동으로 캐나다 온타리오에 신규 공장을 추진하고 있다. SK온은 조지아에 2공장을 증설 중이며, 포드와 합작으로 켄터키와 테네시에 공장 건설을 계획하고 있으며 삼성SDI는 스텔란티스와 공동으로 공장 설립을 계획 중이다.

미국의 IRA와 '반도체 칩과 과학법' 관련해 우리 정부는 업계 의견을 반영해 유예 기간을 최대한 확보하는 등 예외 조치를 이끌어 내는 데 힘쓰고 있다. 미국 상무부는 미 반도체법 초안을 2023년 3월에 발표한 바 있고, 동년 9월 세부 가드레일 조항을 발표했다. 앞서 EU 집행위원회는 미 정부에 전기차 보조금과 관련한 차별적 요소를 없애고, WTO 규범을 완전히 준수해 달라고 촉구했다. 특히 2차전지 분야에서는 정부와 기업이 협력해 원료나 소재의 중국 의존도를 낮추고 수입을 다변화하는 과제를 풀어야 한다. EU도 IRA와 비슷한 '핵심원자재법(CRMA)'[97]을 통해 탈(脫)중국 공급망 구축 계획을 밝혀 세계는 거대한 공급망 변혁의 시대를 맞이하고 있다. 신규 광산 개발 및 투자는 고도의 자본과 위험이 수반되는 장기 프로젝트여서 기업 혼자의 힘만으로는 어려운 과제인 만큼 정부의 지원이 필요하다.

이렇듯 첨단 산업을 중심으로 한 보호무역주의 색채의 공급망 재편 이슈는 결국 통상마찰 요인인 동시에 인플레이션 요인이다. 미국이 보조금을 주면 유럽연합과 일본도 이에 맞서 보조금 카

---

[97] 유럽판 인플레이션 감축법(IRA)으로 2030년까지 EU가 전략 원자재 소비량의 65% 이상을 제3국에서 수입하지 못 하도록 제한하는 것을 골자로 하는 법안이다. 코로나19 및 러시아·우크라이나 전쟁 발발로 원자재 공급 차질을 경험한 이후 공급망을 전략적으로 확보해야 한다는 인식이 높아지면서 유럽연합이 제정한 법안이다.

드를 꺼낼 수밖에 없는데, 이는 결국 소비자에게 전가돼 세계 물가에 부정적 요인이 될 것이다. 미국의 자국 이기주의가 이미 세상에 널리 드러난 마당에 우리 기업은 반도체와 자동차, 2차전지 분야에서 이에 맞서고 또 이를 활용해야 한다.

분업 구조의 변화는 단기에 끝나지 않을 여정이다. 세계 분업 질서 변화에 정부 역할이 중요해지고 있고 기업의 준비와 대응 역시 더욱 필요한 시기다.

과학자 양성과 처우 개선

"우리나라는 노벨상 전(前) 단계가 아니라 전전 단계입니다. 노벨상급 연구가 없어요. 시간이 더 필요합니다." 염한웅 포항공과대학 교수의 말이다. 생리의학, 물리, 화학 분야에 주어지는 '노벨 과학상'은 한 나라의 기초과학과 원천기술의 경쟁력을 나타내는 지표다. 우리나라와는 달리 2023년 기준 일본은 노벨 물리학상이 12명으로 가장 많고 화학상은 8명, 생리 의학상은 5명으로 과학 분야에서 총 25명의 노벨상 수상자를 배출했다.[98] 사실 한국은 비교적 우수한 과학 인프라와 인재를 갖췄다는 평가에도 불구

---

[98] 일본 국적 수상자와 일본 출신의 외국 국적 수상자의 합이다. 순수 일본 국적 수상자만 보면 물리학상 9명, 화학상 8명, 생리학 의학상 5명 등으로 노벨상 과학분야의 일본인 수상자는 모두 22명이다.

하고 아직 노벨상 수상자가 없다. 한국의 GDP 대비 연구개발비 비중은 2018년 기준 4.53%로 일본(3.26%), 독일(3.13%) 등에 앞서고 있으며 GDP 대비 연구비 비중도 0.62%로 프랑스(0.5%), 일본(0.42%), 미국(0.47%)보다 높은 수준이다. 이런데도 한국에서 아직 노벨 과학상이 나오지 못하는 이유는 첫째로 과학 분야에 대한 투자 기간이 짧고, 둘째로 과학 분야 투자의 양적 규모는 어느 정도 충족되지만 질적인 면이 부족하기 때문으로 풀이된다.

세계적으로 인정받는 과학 연구 성과가 나오려면 좁은 기초과학 핵심 연구에 30년 이상이 걸린다는 점을 감안했을 때 아직 노벨 과학상 수상이 없다고 해서 우리의 과학 역량이 형편없다는 것은 아니다. 한국은 1966년 한국과학기술연구원(KIST) 설립을 시작으로 연구 체계가 만들어진 반면, 일본은 1917년 이화학연구소(RIKEN) 설립으로 우리보다 50년 일찍 연구 생태계가 조성됐다. 이처럼 '축적의 시간'이 필요하다는 점은 충분히 인정하지만 과학연구 행태를 살펴보면 우리의 과학기술 연구는 지금 당장 결과가 나오지 않는 '순수과학'보다는 '응용과학'에 여전히 치우쳐 있음을 확인할 수 있다. 우수한 과학자들이 당장 현실에 적용될 만한 연구를 해야 한다는 압박을 받고 있기에 기초연구 분야에서 성과가 더디다는 사실은 부정하기가 어렵다.

강봉균 서울대 생명과학부 석좌교수는 '아무도 예상치 못한

메신저 리보핵산(mRNA) 기술[99]이 코로나19 백신의 주요 기술이 됐듯이, 다양한 학술 아이디어를 고민할 수 있는 충분한 시간이 필요하다'고 말했다. 박형규 고등과학원 교수는 '물리학에서도 논문을 쉽게 낼 수 있는 분야로만 연구자들이 몰려가고 있다'며 '연구비를 받기 위해 모두 논문 편수에 목숨을 걸고 있다. 무엇보다도 기초과학 분야에서 안정적으로 연구할 수 있는 환경이 시급한 과제'라고 꼬집었다.[100]

정부의 과학육성 정책도 과학자들의 순수한 목소리를 경청해서 반영해야 한다. 정부와 대학 조직이 미래의 세계 과학기술 변화에 뒤처지고 있다는 학자들의 지적이 많은데, 미래 과학자를 양성하는 데 힘을 모아야 하고 세계에 나가 있는 우수한 과학 인재들을 국내로 불러들이는 데 예산을 아끼지 말아야 한다. 우리나라 고교의 우수 인재들이 의치학 계열로 몰리는 사이 지금 국내 대학 순수과학 분야의 박사 과정은 고사 위기에 몰리고 있고

---

99   스웨덴 노벨위원회는 2023년 노벨 생리의학상 수상자로 헝가리 출신의 커털린 커리코(Katalin Kariko) 바이오엔테크(BioNTech) 수석부사장과 드루 와이스먼(Drew Weissman) 미국 펜실베이니아 대 의대 교수를 선정했다고 발표했다. 노벨상 수상의 결정적인 계기는 코로나19 유행과 mRNA 백신 상용화였지만, 두 수상자의 주요 업적은 이보다 훨씬 앞선 2008년 연구다. 두 수상자는 2008년 mRNA를 구성하는 염기를 일부 변형하면 mRNA 백신의 한계점으로 여겨졌던 체내 염증 발현을 잠재울 수 있다는 연구 결과를 국제학술지 '멀레큘러 세러피'에 발표한 바 있다.
100   「'일본 25번, 한국 0' 올해도 물 건너간 노벨 과학상...뭐가 문제일까」, 조소진 기자, 한국일보, 2021.10.7

그마저 우수인력은 해외로 속속 빠져나가고 있다. 정부출연기관 운영 체계 개선 등 과학연구 생태계를 과학 선진국 수준으로 끌어올리는 노력도 시급하다. 국가과학기술연구회(NST) 통계에 따르면 지난 5년간 25개 과학기술 정부출연연구기관에서 이직한 인원은 462명에 달한 것으로 나타났다.

과학자들이 연구 현장을 떠나는 이유는 열악한 처우 때문이다. 어렵게 공부해서 평균 30대 후반에 입사한 정부출연기관의 평균 급여는 대기업 대비 현저히 낮은데 반해, 신분상 공무원 연금도 누리지 못하고 임금 피크제 정년은 65세에서 61세로 낮아졌다. 정부출연기관뿐 아니라 대학 연구소, 민간기업 연구소의 과학기술 연구인력에 대한 획기적인 처우 개선도 필요하다. 이제 한국은 몇 가지 편중된 응용 기술만으로는 산업 전체가 고도화되기 어려운 단계에 와 있다. 기초과학 발전 없이 진정한 혁신기술 선진국이 되는 것은 공허한 구호에 불과하다. 연구개발(R&D) 분야의 예산을 대폭 늘리고 해외 유출을 원천적으로 막아야 하는 국가 첨단전략기술과 기초과학 기술 연구에 합리적 예산배분이 필요하다.

혁신 성장을 위한 정책 혁신

우수한 '주식회사(주식회사 형태의 기업)'는 자본주의 경제의 생산력을 비약적으로 발전시켜 온 도구(vehicle)였다. 최초의 주식회사로 알려진 동인도회사[101]는 주주와 경영이 분리된 해외자원 개발 전문 벤처기업이었다. 기업이 주식회사 제도에 맞춰 충실하게 운영될 때 각종 비효율이 줄어들고 사업확장에 집중할 수 있다는 것을 우리는 자본주의 역사를 통해 충분히 터득했다. 건강한 기업 생태계는 자본주의 경제발전에 필수 요건이었다. 또 법치주의 정부와 효율적 경영의 조화는 자본주의 경제발전에 반드시 필요한 환경이다. 기업의 투자와 일자리, 국민소득은 정(正)의 관계를 갖는다. 또한 정치발전으로 국가 전체의 부패 총량이 줄어야 사회가 안정되고 예측 가능한 경영환경 아래서 기업의 수익성도 높아진다.[102]

아울러 기업투자가 일자리 증가로 잘 연결되려면 산업이 균형 있게(각 산업의 균형, 대기업과 중소기업의 균형 등) 발전해야 한다. 그

---

101 동인도회사는 네덜란드 선박회사로서 일종의 벤처기업이자 주식회사의 기원이기도 하다. 인도, 중국, 동남아 등 무역 항로를 통해 최대 이익을 내던 상인들이 연합하여 결성한 회사이다. 동인도 회사는 네덜란드 상인들의 재정만으로는 설립이 어려운 대규모 선단에 국민들의 투자를 받은 후 거기에서 나오는 이익을 나누는 방식으로 설립됐다. 투자금을 한 곳에 모아놓고 자금에 대한 소유권을 나타내는 종이 권리증서에 동인도회사 주식이라고 적었던 것이 현대 주식회사의 기원이 되었다. 이때부터 주주들로부터 투자를 받아 이익을 배당하고 회사의 지분을 판매하는 주식회사라는 개념이 정립되었다.

102 신장섭의 이코노믹스 「정치에 묶인 기업, 그 굴레부터 풀어야」 신장섭, 중앙일보, 2023.1.31. 칼럼 내용 일부 참고

래야 그들 간 시너지 효과가 발휘되면서 국가 전체의 생산성도 개선된다. 이 밖에 한국의 생산성이 높아지려면 응용기술과 함께 기초과학의 발달이 중요하고 제조업 간 또는 제조업과 서비스업의 융합 발전도 중요하다. 인공지능, 각종 소프트웨어, 정보처리, 금융, 컨설팅, 교육, 디자인 등 여러 분야의 서비스 산업이 우수한 하드웨어(제조업)와 만날 때 혁신성장이 일어나고 생산성이 더 빨리 개선되는 시대이다.

경제 규모가 세계 10위권인 우리나라의 시간당 노동생산성은 49.4달러(실질구매력평가 기준)로 OECD 평균(64.7달러)의 3/4 수준이자 최하위권에 머물고 있다. 한국의 낮은 노동생산성은 세계적으로 서비스업과 중소기업의 긴 노동시간, 서비스업의 낮은 노동가치 책정, 불필요한 연장근무, 고용시장의 경직성, 노동과 자본의 비효율적인 결합이 어우러진 결과로 파악되고 있다.

우리나라도 이제 대기업의 생산성 개선을 위해서는 중소기업과 서비스업의 생산성 개선이 필수인 단계에 와 있는 것 같다. 거대 블록의 빈틈을 작은 블록들이 야무지게 채워줘야 전체 구조물의 짜임새가 살아나는 것과 같은 이치다. 특히 한국 중소기업들의 생산성 개선을 가로막는 요인으로는 자금력 부족, 인력부족, 기술응용 노하우 미흡, 대기업과의 불공정한 관계 등이 알려져 있다. 중소기업의 생산성 개선을 위한 공식 기구의 출범과 정

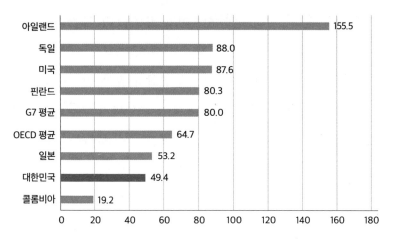

전 세계 생산성 비교

아일랜드	155.5
독일	88.0
미국	87.6
핀란드	80.3
G7 평균	80.0
OECD 평균	64.7
일본	53.2
대한민국	49.4
콜롬비아	19.2

자료: OECD, 국회예산정책처 「2023 대한민국 경제」
주: 노동생산성은 노동 투입당 산출의 비율로 정의되며, 부가가치(GDP)를 노동시간으로 나눈 값이다.

부 프로그램이 마련돼야 한다. 대기업과 중소기업의 새로운 생태계 구축을 위한 자본시장의 혁신적인 개혁도 필요하다. 성장 잠재력이 있는 기술기업의 진입과 퇴출을 지원하는 실효성 있는 상장 및 자본시장 운영체제의 개선을 고민해 봐야겠다.

지금까지 '잃어버릴 10년의 함정'에 빠지지 않기 위한 몇 가지 과제들을 함께 고민해 봤다. 그동안 우리 기업들이 더 강한 경쟁력을 갖추지 못하고 정부가 정책과 지원에 미흡했던 것이 그 방법과 구체적인 길을 몰라서는 아닐 것이다. 이제부터는 법률과

제도적인 장치와 더불어 컨트롤 타워가 필요하다. 기업은 세계무대에 나가 싸우는 국가대표 선수이고 정부는 이 선수들을 돕는 지원 스텝이다.

우리나라는 전후 1970년대까지 중화학 공업 중심의 산업화 과정에서 한강의 기적을 이뤄냈고, 이후 최근까지 대기업들의 국제화라는 놀라운 두 번째 기적을 이뤄냈다. 이제부터는 혁신 첨단 산업과 중소기업이 주도하는 세 번째 기적이 필요하다. 앞선 두 단계보다 앞으로의 과정이 어려운 이유는 지금까지 경제성장 과정에서 쌓인 기득권과 여러 구조적 비효율을 털어내는 동시에 과학기술 선진국들과 4차 산업 분야에서 더욱 치열하게 경쟁해야 하기 때문이다. 단순히 자본과 노동 투입을 늘려서 생산을 확대하는 모델로는 1인당 국민소득 4만 달러의 저항선을 도저히 돌파할 수 없다. 또한 토목경제와 기술모방만으로는 더더욱 이 과업을 이룰 수 없다. 계층·세대·산업 간 갈등도 해결해야 하고 연금개혁과 교육개혁, 노동개혁을 위한 정치적 리더십과 국민들의 이해와 양보와 애국심도 필요하다.

또한 이 세 번째 기적을 이뤄내기 위해서는 반드시 시장기능이 한 단계 진화해야 한다. 거듭 강조하지만 정부와 법제, 제도만으로는 자본이 효율적으로 배분되지 않는다. 각 부문에서 보이지 않는 손(시장기능)이 잘 작동하도록 각별한 연구와 장치가 필요해 보인다. 어쩌면 이제는 제도 개선 자체보다는 발상의 전환, 사고의 개혁이 전제되야만 이 세 번째 기적을 이룰 수 있는 시대다.

인플레이션 시대에 살아남을 기업

한국무역협회 조사에 따르면 우리기업의 수출 애로사항으로 원재료 가격 상승과 수출 대상국의 경기 부진, 그리고 거래 상대방의 가격 인하 요구, 환율 변동성, 물류비용 상승 등이 나타났다.

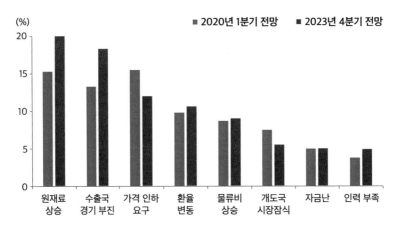

우리나라 기업의 수출 애로사항 응답률

자료: 한국무역협회, 2023년 4분기 조사 기준

원재료 가격 상승과 물류비용 상승 등 인플레이션 요인이 우리나라 기업의 수출 애로사항의 약 30%를 차지한 점이 흥미롭다.

결국 인플레이션 요인을 극복하지 못하고 수요자의 가격 인하 압력에 굴복하거나 수동적으로 대응하면 우리 수출기업들이 설 땅은 점점 좁아진다는 얘기다. 물가나 환율 변동 요인을 생산성 개선으로 흡수하면서 수출대상 지역을 넓히는 것이 인플레 시대를 이기는 수출기업들이 가야 할 최적의 솔루션이다. 물론 말은 쉽고 누구나 다 아는 과제지만 실행 과정은 말 그대로 각고의 노력과 지혜가 필요하다.

다음 차트는 인플레이션에 강한 기업들을 주식시장이라는 창을 통해 본 것이다. 인플레이션은 주가를 춤추게 한다. 제3부에서 주식에 대해 설명했듯이 인플레이션은 단기로는 증시에 악재지만 금리 충격에서 벗어나는 어느 시점부터는 증시에 호재로 작용한다. 인플레는 기업의 명목 매출액을 증가시킨다. 물가 상승에 따른 투입원가 상승을 출하가격 인상으로 상쇄할 수 있는 역량 있는 기업의 주가는 인플레이션에 오히려 오르려는 힘이 강하다.

인플레이션이 기승을 부릴 때 유리한 산업에는 세 가지 유형이 있다. 원유 추출이나 정유, 광산개발 등 에너지 관련 산업이나 에너지 사용 효율을 높인 기업군 원가 상승을 수요자에게 전가할 수 있는 경쟁력 있는 필수 소비재 산업, 그리고 인플레에 관계없이 새로운 수요를 창출하며 성장할 수 있는 그 시대의 혁신성장 산업이다. 특히 두 번째와 세 번째 유형에 가까워지는 것이 주식시장의 창을 통해서 본 인플레이션 시대에 기업의 생존 해법이라 하겠다.

만약 저성장이 굳어지고 물가와 금리는 예전에 비해 잘 안 떨어지는 상황이 길어지면 웬만한 기업들의 살림살이는 정말 힘들어질 것이다. 이는 한국만이 아니라 전 세계가 약한 스태그플레이션 환경에 처할 수 있음을 뜻한다. 서울대학교 국제대학원장

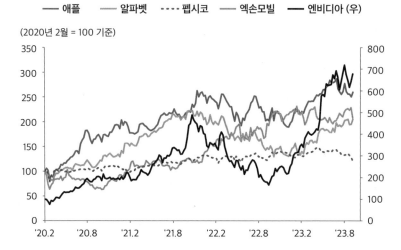

팬데믹 이후 인플레를 이긴 주요 기업 주가 추이

―― 애플   ―― 알파벳   ···· 펩시코   ―― 엑손모빌   ―― 엔비디아 (우)

(2020년 2월 = 100 기준)

주: 엔비디아는 오른쪽 축, 나머지는 왼쪽 축. 팬데믹 이후 물가 상승에도 불구하고 주가가 강세를 보인 기업들을 살펴봄으로써 인플레 시대에 살아남을 기업들에 대한 시사점을 얻기 위해 그린 주가 차트임

김현철 교수는 경제가 장기 저성장의 늪에 빠지면 경제 주체들의 공급과 수요 패턴에 변화가 생겨 기업이 처하는 시장환경 자체가 완전히 바뀐다고 설명한다. 1990년 이후 장기 저성장 시대의 일본 내수시장에서 사람들은 '싸면서도 특화된 상품'만을 찾았다고 한다. 그 과정에서 각 산업의 특화된 사업 분야가 중간 사업들을 대체함으로써 평범한 기업들이 설 땅을 잃은 것으로 알려져 있다. 해외시장에서도 가격 우위만으로는 경쟁력을 지키기 어려워져 우수한 품질과 기술 특화로 정면 승부해 성공한 기업만이 선진국 시장에서 살아남을 수 있었다고 그는 역설한다. 물론 가격 경쟁력조차 밀리면 신흥국 시장에서도 점유율을 잃고 말 것이다.

저성장의 영향은 이게 끝이 아니다. 저성장으로 기업 성과가 장기간 부진해지면 조직이 점점 수동적으로 변하고 관료화되면서 매너리즘에 빠지고, 책임 회피형 조직 문화가 굳어진다. 역할과 권한을 재설정하는 방향으로 조직을 개혁하고 성과보상 체계를 재정비해 동기부여에 힘써야 한다. 저성장 시대에 소비자들은 가격에 민감해질 뿐 아니라 제품의 질과 효용도 함께 따지고 개인 선호는 세분화된다. 이에 마케팅의 의미가 약해져 결국 틈새 전략만이 통하는 상황이 벌어진다고 김현철 교수는 강조한다.[103] 결론적으로 일본의 '장기 저성장'이라고 하는 경제환경은 결코 가벼운 환경이 아니었으며 기업들로 하여금 많은 것을 혁신하도록 주문했다.

그런데 지난 30년간 일본과 같은 저성장 기조에 더해 경기 대비 물가와 금리마저 높다면 경영환경은 더 팍팍해질 것이다. 우선 이자보상비율(영업이익/금융비용)이 1 미만인 재무 취약 기업의 부담은 배가될 것이다. 설혹 물가와 금리가 안정된다 해도 저성장은 기업의 망하는 속도를 더디게 할 뿐 성장 자체를 돕는 요인은 아니다. 저성장에 부합할 정도로 금리가 완전히 낮아지지 않는다면 보통의 신용 체력을 가진 기업들마저도 재무적 부담이 높아질 것이다. 그래서 저성장과 중금리가 공존하는 환경에서는 기업들이 한발 앞서 재무위험에 대비하는 게 중요하다. 선제적 신제품 개발이나 신시장 개척, 경영혁신에 늘 한 템포 뒤지다 보면 차별화는커녕 자칫 생존에 의문이 생길 수도 있다. 경제가 어느 정도 성장하는 시기에는 웬만한 기업도 그럭저럭 성장을 했고 중간 정도는 할 수 있었다. 하지만 이제부터는 그런 보장이 사라진

---

103 유튜브 「삼프로TV」 '장기 저성장이 한국을 덮친다', 2023년 6월 6일, 김현철 교수 출연 방송 참고

다는 말인데 섬뜩한 예측이 아닐 수 없다. 끊임없는 혁신과 틈새 전략, 강력한 리더십과 조직개혁, 위험관리 체계를 갖춘 기업만이 인플레 시대에 살아남을 수 있을 것이다.

미중 갈등 상황 속 어부지리 수혜

미국과 중국은 향후 점점 더 많은 기술과 교역 분야에서 갈등을 빚을 것이다. 미국의 기술이 중국보다 평균적으로 우위에 있다고는 하지만 중국의 추격이 만만치 않고 또 일부 기술은 중국이 앞서고 있다. 한편 중국의 내수시장 규모가 워낙 크다 보니 미국으로서는 기본원칙(미국 입장에서 자유민주주의 질서를 위협하고 공정한 경제행위에 반하는 중국의 행동을 규제한다는 명분하에 미국의 패권을 확고히 하는 원칙)은 지키되, 전술적으로 종종 정책 속도를 조절하는 등 실용주의 전략을 취할 것이다. 일이 너무 급하게 진행되면 미국도 부담스럽기는 마찬가지다. 새로운 규제를 가하는 동시에 다른 한편에서는 예외 조항을 만들어 절충하고 유보하는 전술이 예견된다.

하지만 결국 방향은 정해져 있고 근본적인 갈등 구도는 바뀌지 않을 것이다. 문제는 양국의 경쟁과 견제와 규제와 갈등 과정에서 전 세계 기업들이 다 함께 교역 위축과 원가 상승의 복병을 만날 수 있다는 게 부담이다. 리쇼어링 전략도 미국과 유럽연합, 중국이 동시에 추구하다 보면 전 세계 보호무역주의가 성큼 앞당겨질 수 있다. 경쟁국 기업의 시장 침투를 막고 자국 고용만 우선시하고 예전보다 비싼 원가로 물건을 만든다면 이는 세계 전체로 볼 때 부가가치 파이는 줄고 물가는 오른다는 것을 뜻한다.

이런 환경에서 우리기업의 셈법은 더욱 복잡해진다. 중국에 대한 미국의 기술 규제 덕에 한국 휴대폰이 반사이익을 누렸던 것처럼[104] 반도체, 과학법, IRA 법안 등으로 인한 반사이익도 분명히 있을 것이다. 기업은 지금 핵심 규제 사안에 대해서는 현지 진출과 합작, 우회생산, 제3자 협력, 기술제휴 등 다양한 전략을 고민하고 있다. 이 중에서 특히 중요 과제라면 미국 현지 생산을 늘려 직접 규제는 일단 피하는 한편, 중국시장에서의 지위를 유지하기 위해 별도로 중국과 적절한 네트워크를 유지하는 것이다.

또한 미국이 현재 주도하는 법안들의 시행 과정에서 우리 기업들이 반사이익을 누리려면 반드시 미국 내 공장의 생산 효율성을

---

104 2019년 5월 미 트럼프 행정부는 중국 화웨이(Huawei Technologies Co. Ltd)와 68개 계열 기업을 거래 제한 기업에 포함시키는 조치를 내렸다. 구글, 인텔, 퀄컴, 자일링스, 브로드컴 등 미국기업들이 화웨이에 핵심 부품이나 운영 시스템을 공급하지 못하도록 한 조치였다. 5세대 통신(5G)과 통신장비 시장에서 화웨이의 세계 영향력을 제한하려는 정책이었다.

높이고 원자재와 부품 조달을 다변화하고, 미국시장을 전진기지 삼아 제3국 시장에 적극 진출하는 전략을 짜야 한다. 자동차, 반도체, 2차전지뿐만 아니라 태양광 패널, 풍력 등 신재생 에너지 분야도 마찬가지다. 비싼 공장을 지어 비싼 인건비를 지불하며 생산하되 이를 생산성 개선으로 얼마나 극복하느냐가 미국 현지에 진출한 모든 기업들이 당면한 공통 과제일 것이다.

2024년 11월에 치러지는 미국 47대 대통령 선거에서 도널드 트럼프 후보가 당선되어도 인플레이션 감축법 등 조 바이든 행정부가 입법 추진해 온 전기차, 반도체 관련 정책에 본질적인 변화는 없을 것이다. 의회 입법 사안인 데다 양당 모두 대중국 규제 원칙에 대한 공감대가 있기 때문이다. 물론 '트럼프 불확실성'은 존재한다. 미국의 정치 판도 변화는 우리 주력 산업에 큰 영향을 미칠 수도 있어 2024년 대선의 트럼프 리스크 대비도 조용히 해야 한다.

결국 앞으로 미중 갈등은 미국의 차세대 기술 산업에 가까운 분야일수록 보다 대립적인 양상을 띨 것이다. 미국의 확고한 전략 산업이라고 볼 수 있는 반도체, 인공지능, 자율시스템, 양자컴퓨터[105], 생명공학 등은 서로 밀접하게 연결된 첨단 산업이자 국방, 사회 안전망, 보건 산업에도 영향력이 매우 큰 산업이다. 동시에 예전과는 달리 각국 증시에는 축적된 잉여 현금과 우수한 재

미국의 핵심 5대 유망 기술

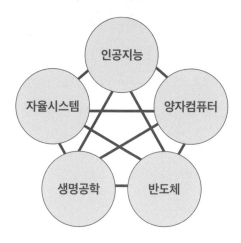

자료: 미국 국가정보국 국가방첩안보센터(NCSC), 2021년 10월

무력을 뽐내는 거대 혁신 기술기업들이 대거 포진해 있어 증시 전체에 대한 영향력도 크다. 한 나라가 이런 기업들을 얼마나 보유하고, 이들 기업이 글로벌 가치사슬에서 경쟁국 기업들을 축출하고, 세계 점유율을 얼마나 안정적으로 넓혀가느냐가 앞으로 국가 전체의 위상과도 관련이 깊을 것이다.

---

105 양자컴퓨터(quantum computer)는 양자역학적인 물리현상을 활용하여 연산을 수행하는 컴퓨터다. 양자컴퓨터는 트랜지스터 및 커패시티 기반의 2진법 디지털 전자 컴퓨터와는 완전히 다른 원리로 작동한다. 기계 학습, 최적화, 물리 시스템 시뮬레이션, 금융 포트폴리오 최적화, 신약개발 등 다양한 분야의 문제를 빠르게 해결할 수 있는 혁신적 기술이다.

첨단 산업 분야에서 미중 갈등의 제1라운드는 미국 중심의 생산질서 재편과 보조금 지급이라는 보호주의 도구로 일단 그 막을 열었다. 물론 이것은 시작에 불과하다. 국가가 전면에 나설 수밖에 없어 이는 기업을 앞세운 국가 대 국가의 대리 전쟁(proxy war) 성격을 갖고 있다. 우리도 기업과 정부의 각별한 소통 속에 이 전쟁에서 이길 전략을 잘 짜야 한다. 특히 미중 갈등 구도하에서 우리 기업이 어부지리를 누려야겠다.

선진국 수출시장 확대

우리나라 기업의 성장 모멘텀은 사실 수출에 있다. 물론 내수 경기도 중요하고 내수 안정을 토대로 수출도 잘되면 금상첨화겠지만 대한민국 경제 전체의 성장 모멘텀을 높이려면 수출 없이는 곤란하다. 거시적으로 볼 때 수출 없는 기업이익의 신장이란 어려운 일이며 수출이 뒷받침되지 않은 국내 설비투자 증대나 고용 확대, 그리고 소비 진작은 한계가 있을 수밖에 없다. 특히 한국의 경제발전 단계나 원가 경쟁력 면에서 평균적으로 부가가치가 높은 선진국향 수출이 얼마나 확대되느냐가 향후 한국수출의 성적표를 결정할 것으로 판단된다.

대선진국 수출에는 소비재뿐만 아니라 산업재도 중요하다. 2023년 2월 7일, 조 바이든 미국 대통령은 연방의회 하원 국정 연설에서 '바이 아메리칸(Buy American)' 정책을 대폭 강화하겠다고 발표했고 동시에 백악관은 도로, 교량 건설뿐 아니라 인프라와 초고속 인터넷 등 연방재정을 통해 지원되는 모든 공공지출에 대해 '바이 아메리칸(미국제품 사용)' 원칙이 적용될 것임을 선언했다. 이에 앞서 지난 2021년 미 행정부는 향후 8년간 2조 2,500억 달러(약 3,000조 원)의 인프라 투자계획안을 발표한 바 있다. 미국 연방정부의 공공조달시장 규모는 1년에 700조 원이 넘는데 한국기업의 점유율은

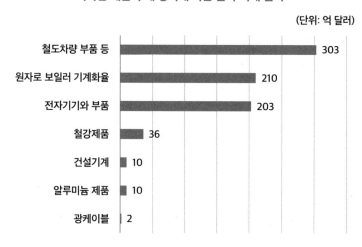

미국산 제품 구매 강화에 따른 한국 피해 품목

(단위: 억 달러)

철도차량 부품 등	303
원자로 보일러 기계화율	210
전자기기와 부품	203
철강제품	36
건설기계	10
알루미늄 제품	10
광케이블	2

자료: 무역협회

고작 0.2%에 불과하다. 당장 우리의 광케이블 업체는 미국의 신재생 에너지, 해상 풍력발전과 관련한 해저 케이블 시장 확대에 제동이 걸릴 수 있어 부심하고 있다. 미국 인프라 투자와 관련된 건설기계, 원자력 발전이나 각종 발전장비 업체들도 미국에 생산 법인을 세우거나 생산 설비를 확대 운영하지 않으면 앞으로 불이익을 받는 상황으로 내몰리고 있다.

하지만 전문가들은 한국기업이 미국 공공조달 시장 진출에 있어 제도적으로는 유리한 환경에 놓여 있다고 평가한다. 미국은 '통상협정법(TAA)'을 통해 자국 공공조달 시장에 진출할 수 있는 국가를 제한하는데 한국은 중국과 러시아 등과는 달리 당연히 미국 진출이 허용된 국가이기 때문이다. 카이스트(KAIST) 경영대학 김만기 교수는 '중국이라는 경쟁국이 배제된 상황에서 한국 제품의 높은 경쟁력과 기술력, 제품의 안정성, 한·미 동맹의 이점, 공공조달 교역 규정을 명시한 한·미 자유무역협정(FTA) 등을 고려하면 미국 공공조달 시장에서 한국 기업의 점유율을 최소한 1% 이상으로 올릴 수 있다'며 '한국기업들이 보다 적극적으로 미국 조달시장에 진출할 때'라고 강조한다.[106]

공공조달 시장 진출은 후속효과도 기대할 수 있다. 다양한 레퍼런스가 쌓이면 자연스럽게 제품의 품질에 대한 검증 절차도 거친 셈이니 다른 민간 사업으로 연결 확대될 기회를 얻을 수 있고

제4부 · 과거는 잊어라, 변해야 살아남는다

다른 나라 공공조달 시장으로 진출하기 위한 전진기지로 삼는 이점도 챙길 수 있다. 때마침 향후 10년은 미국 공공조달 시장이 본격 확대되는 시기다. 이 기회를 잘 살린다면 우리의 다양한 관련 산업재 분야에서 상당한 해외진출 먹거리가 생길 수 있다.

산업재뿐만 아니라 소비재 분야에서도 선진국 시장을 적극 개척해야만 한다. 소비재는 필수소비재와 경기소비재(임의소비재)로 분류하기도 하지만 재화(유형재)와 서비스(무형재)로도 분류할 수 있다. 한국은 'K-콘텐츠'라는 강력한 무기를 갖고 있어 문화 서비스 분야에서 시장을 확대할 잠재력이 충분하다. 공연, 영화, 드라마, 음반, 게임 등 모든 엔터테인먼트 부문에서 영역을 확대하고 수익성을 높이는 방법을 강구해야 한다. 아울러 이런 문화 서비스 분야의 경쟁력을 토대로 각종 내구재나 식음료, 패션의류, 생활용품, 건강의료기기 등 여러 제조업 분야로 시너지 효과를 만드는 게 중요해 보인다. 상품 소비재는 앞으로 선진국 시장에서 혁신적 아이디어를 장착한 재화만이 점유율을 넓혀갈 수 있을 것이다. 기술 기반의 소비재 가운데 한국기업이 잘할 수 있는 분야

---

106   김만기 교수는 국내 최초로 미국 연방조달 규정(FAR)을 번역해 '미국 연방조달규정 번역 및 해설집」을 펴냈다. (「700조원 美 공공조달 시장, 韓기업 진출 돕고 싶었죠」 정의진 기자, 한국경제신문, 2022.2.6 기사 내용 참고)

는 특히 섬세한 IT기술을 접목한 헬스케어, 의료기기 분야가 아닐까 싶다. 우리기업의 연구개발 투자 규모나 기초 기술 측면에서의 열위에도 불구하고, 이 분야에서의 높은 인적 인프라 수준은 선진국과 신흥국 모두 글로벌 틈새시장을 공략하기에 충분한 잠재력이 있다고 생각한다.

자산배분 전략과 지혜

'연준 의장 앨런 그린스펀이 앞으로 2년간 어떻게 통화정책을 펼칠지 내게 귀띔해 주더라도, 나는 다르게 행동하지 않을 것이다.' 워런 버핏(Warren Buffett)[107]의 말이다. 그렇다. 눈에 보이는 것보다는 본질에 집중해야 한다. 아마도 워런 버핏은 숲(거시상황)보다는 나무(기업가치)에 더 집중해서 장기투자하라는 뜻으로 이 말을 했을 것이다.[108]

---

107   미국의 기업인이자 투자인으로 현재 버크셔 헤서웨이(Berkshire Hatthaway)의 회장이다. 투자의 귀재라고 불리며 오마하의 현인이라는 별칭을 갖고 있다. 기업의 적정 가치보다 낮은 가격인 주식에 투자를 하는 가치투자자이다

108   Linda Grant, 'Striking Out at Wall Street, U.S. News & World Report, June 30, 1994. 『주식에 장기투자하라』 제러미 시겔, 이건 옮김, 이레미디어, 2020년 (풀이는 필자의 생각임)

또 하워드 막스(Howard Marks) 오크트리 캐피털 회장도 '자본 시장에서 투자자들은 단기 이슈보다는 보다 오래 지속되는 것에 관심을 두는 것이 좋겠다'라고 말했다.[109] 시장은 우리의 생각보다 훨씬 영리하고 빠르기 때문에 스쳐 지나가는 단기적이고 휘발성 있는 현상보다는 시장의 기저에 있는 것, 보이는 파도보다는 그 밑에 도도한 조류의 힘, 보다 중심에 있는 것을 보는 게 유리하다는 취지에서 한 말이 아닌가 싶다.

우리는 자산시장을 대하면서 어떤 정보에 가장 귀를 기울이는가? 투자자마다 관점이 다 다르겠지만 크게 보면 경제에 관한 것과 기업에 관한 것, 크게 두 가지로 구분할 수 있다. 이 두 영역은 얼핏 다르게 보이지만 실전에서 이 둘은 상호보완적이다. 우리는 또 눈에 보이는 것과 눈에 보이지 않는 것, 이 두 가지에 모두 관심을 둔다. 이 또한 상호보완적이다. 눈에 보이는 것은 통화정책, 정부의 여러 정책들, 각종 철 지난 경제지표, 지나간 기업실적 등이고 보이지 않는 것은 그것을 토대로 한 미래에 관한 추상적인 것들이다. 우리는 보이는 것을 통해 보이지 않는 것을 엿본다. 보이는 것을 열심히 보는 이유는 보이지 않는 미래를 알기 위해서

---

109   유튜브 「삼프로TV」 '투자 환경이 완전히 바뀌었습니다', 2023년 7월 15일, 하워드 막스 뉴욕 인터뷰 참고

다. 하지만 보이는 창을 통해 보이지 않는 미래를 잘 보기 위해서는 보이는 정보를 소화하고 가공하는 나름의 발품, 손품이 필요하다. 여기에는 직관력도 중요하다. 과학적 분석이 현명한 의사결정에 필요한 전부였다면 그간 뛰어난 학자와 분석가만이 떼돈을 벌었을 것이다.

따라서 이 책의 마무리 파트에서는 여러분 스스로 생존투자를 위한 자신의 생각을 한번 정리해 보는 시간을 갖는 것도 좋을 것 같다. 유동성 포퓰리즘이 지속되고 통화 유동성으로 인해 세계경제의 프레임이 바뀌고 그에 따라 자산시장에서 여러 위험과 기회가 공존하는 지금, 투자자들이 보다 집중해서 상상력을 발휘해야 할 세 가지 전략 주제를 살펴보려 한다.

자산배분 관점에서의 그런 전략 키워드는 다름 아닌 장기금리를 기준으로 한 투자 판단, 위험자산과 안전자산의 배분, 그리고 위험자산의 국내·외 분산투자 필요성이다.

첫째, 금리 변동을 바탕으로 한 투자 판단

첫 번째 키워드는 자산가격 변동성에 대응해 의사결정의 잣대로 삼을 '시장금리' 관련 전략이다. 높은 유동성 환경이 앞으로도 지속된다면 자산시장은 계속 쏠림과 역쏠림을 반복할 것이다. 급하게 밀물이 들어왔다가 또 급하게 빠져나가는 불안정한 패턴의 반복이다. 이러한 자본의 역동적인 흐름은 경기를 더 불규칙하게 하고 자산가격의 높은 변동성을 유발하고 거품과 거품붕괴를 이끌어 자산시장의 투기성을 더할 것이다.

이때 투자자들이 시장 전체의 변동성을 이기고 수익을 지키려면 대중들이 너무 탐닉하고 있는 자산에 함께 도취되면 안 된다. 또한 '돈이 몰리는 산업과 기업'에 대해 보다 긴 관심을 가져야 하고 자본이 어디로 빨려 들어가고 있는지를 주시해야 한다. 아울러 모든 위험자산의 안전자산(우량 국채금리) 대비 상대 매력이 중요한데, 안전자산 그 자체이자 위험자산 시장에 유동성을 공급하는 파이프라인의 밸브 역할을 하는 이자율의 변동에 보다 집중해야 한다.

높은 통화 유동성이 낳는 변동성 장세에서는 중앙은행의 통화정책도 물론 중요하지만 시장에서 결정되는 장기금리 수준과 그 변화가 더욱 중요할 것이다. 중앙은행의 기준금리가 유동성 보일러의 주조정실 밸브라면 장기국채 금리는 보일러의 출력을 증폭시키기도 하고 줄이기도 하는 2차, 3차 밸브와 같다. 시장금리는 보일러 상황실 계기판의 눈금과도 같다. 지금처럼 높은 유동성과 부채가 쌓여 있는 경제에서는 예전보다 장기금리가 경기와 자산시장에 미치는 힘이 커진다. 이 보일러실이 매우 어수선하고 바삐 돌아가는 이유다.

이렇듯 장기금리는 자본의 배분 경로를 거머쥐고 있고, 마땅히 돈이 쏠릴 만한 대상을 결정하고 실제 그쪽으로 자본을 쏴 준다. 또한 장기이자율은 부채조정의 완급을 조절하고 환율시장에도 지대한 영향을 미칠 것이다. 당분간 주가도 금리 급등에 조정을 보이고 금리가 안정되면 오르는 패턴을 보일 것이다.

둘째, 위험자산과 안전자산의 시소게임

앞으로 '위험자산과 안전자산의 시소게임'이 더 격렬해질 것이다. 위험자산은 주식, 원자재, 부동산, 낮은 신용등급의 채권, 신흥국채권 및 구조화 채권, 파생상품[110] 등을 포괄한다. 한편 대표적 안전자산에는 신용등급이 높은 국채와 회사채, 미 달러화, 금 등이 포함된다. 이들 위험자산과 안전자산의 가격은 앞으로 더욱 역동적으로 변해 투자자들을 더욱 혼돈에 빠뜨릴 것이다. 경제가 어려울 때마다 중앙은행은 지금까지 그래왔던 것처럼 통화정책을 즉각 완화함으로써 투자자들로 하여금 더 적극적으로

---

110 구조화 채권은 주식, 채권, 금리, 통화, 상품, 신용 등 기초자산에 기반을 두고 파생금융상품과 결합하여 만들어지는 새로운 형태의 금융 상품이다. 보통 채권상품과 옵션 성격의 상품을 조합해서 만들며, 다양한 주택담보대출을 묶어 만든 주택저당증권(MBS)이 대표적이다. 한편 파생상품은 기초자산의 가치 변동을 바탕으로 만들어진 금융상품을 말한다. 자본시장법상 원금 초과손실 가능성이 높은 금융투자 상품이다.

위험자산을 매수하도록 권유할 것이다.[111] 반대로 안전자산이 과열을 보이다가 폭락하기 시작하면(즉 금리가 크게 떨어진 다음 급반등하면) 이번엔 부채를 떠안고 과열권에 이른 위험자산 가격이 폭락하면서 시소게임을 만들 것이다.

돌이켜 보면 팬데믹 이후 채권시장의 한바탕 과열(미국국채 10년 만기 이자율이 연 0.5%까지 내려감) 후에 금리가 반등하자 당시 주가수익비율(PER, price to earning ratio)이 지나치게 높았던 성장주와 밈 주식[112]을 중심으로 주가가 먼저 폭락했고 이어 암호화폐 시장이 붕괴됐다. 앞으로 안전자산인 국채금리는 제3부 채권 파트에서 언급했듯이 예전보다 조금 높은 박스권에서 변동할 것이다.

즉 금리 상승기에는 예전 고점보다 더 높은 수준에서 꺾이고, 금리 하락기에는 예전 저점보다 더 높은 수준에서 돌아설 확률이 높다. 금리 변동 레인지가 높아지고 평균 금리가 한단계 오르면 주가 변동성은 더 커질 것이다. 채권시장에서 금리 변동을 즐길 여유도 없이 또다시 투자자들은 주식 등 위험자산의 변동 위

---

111 『금리의 역습』 에드워드 챈슬러, 임상훈 옮김, 위즈덤하우스, 2023년

112 밈 주식은 온라인 상에서 입소문을 타 투자자들이 몰리는 쏠림이 큰 주식을 뜻한다. 원래 밈 (Meme)이란 1976년 리처드 도킨스의 저서 『이기적 유전자』에서 사용된 단어로 그리스어로 모방을 뜻하는 미메시스(Mimesis)와 유전자(Gene)의 합성어이다. 리처드 도킨스는 '밈'이라는 단어를 유전적 방법이 아닌 모방을 통해 전달되는 문화 요소라고 정의했는데, 다른 말로는 '문화적 유전자'라고 부르기도 했다. 요즘 밈은 인터넷 유행의 의미로 사용된다.

험에 노출된다. 안전자산 가격이 폭락(금리 상승)하면서 위험자산 가격이 떨어지면 투자자들은 부채를 갚기 위해 손에 잡히는 것이 면 모두 팔려고 할 텐데, 그런 상황에서는 안타깝게도 부채를 사 줄 사람이 없다. 경제학자들이 '유동성 불일치'[113]라고 부르는 이런 상황이 예전에도 안전자산과 위험자산의 불안정한 시소게임에서 종종 나타났는데 앞으로는 그 흐름이 더 빈번하고 진폭도 커질 전망이다.

결국 투자자들은 채권은 '만기까지 보유하는 자산 포트폴리오의 수비수'로 활용하고, 주식은 '초과수익을 얻는 공격수'로 활용하는 게 현명하다는 것을 깨달을 것이다. 또한 위험자산과 안전자산의 순환과 시소게임에서 적극적인 자산배분보다는 각 자산군 안에서 포트폴리오를 미세 조정하는 보수적 자산배분이 오히려 현명하다는 인식이 확산될 것이다. 자산가격의 변동 폭이 커지고 순환은 빨라지고 게다가 매우 불규칙해진다면 말이다.

사람들은 채권이든 주식이든(또는 다른 위험자산이든) 그 전체 비중을 조절하는 것이 큰 의미가 없음을 점점 체험하게 될 것이다. 요컨대 각자의 형편에 맞춰 채권 또는 현금성 안전자산으로 위험

---

113 『돈을 찍어내는 제왕 연준』 크리스토퍼 레너드, 김승진 옮김, 세종서적, 2023년

을 제어하는 동시에 기본 수익을 확보하고, 주식은 주식 본연의 속성에 맞게 장기투자하는 문화가 정착될 가능성이 높다. 워런 버핏의 말 대로 '연준 의장 앨런 그린스펀이 앞으로 2년간 어떻게 통화정책을 펼칠지 내게 귀띔해 주더라도, 나는 다르게 행동하지 않을 것이다'라고 말하는 사람들이 앞으로 좀 더 많아질 것도 같다. 중금리로 포트폴리오 일부를 채운 투자자들이 많아지면 단기 변동성이 높고 만기가 긴 자산의 성격을 지닌 주식을 장기 성장 가치 중심으로 투자(buy&hold)하는 경향이 늘어날 것이고 그래서 주식투자에 있어 기업의 성장가치에 대한 판단과 기술성 및 사업성 평가가 더욱 중요해질 것이다.

셋째, 국가별 혁신성장 기업과 안정성장 기업에 투자

2008년 금융위기 이후 세계 주식시장의 상관관계는 더 높아졌고 각국 금리의 상관관계, 상품시장과 주식시장 간의 상관관계 또한 높아졌다. 세계경제가 동조화되고 세계경제의 수요 요인(소비나 투자의 강도)이 채권과 주식, 원자재 시장에 모두 영향을 미쳤기 때문이다.

하지만 (제2부 분업질서의 변화에서도 다뤘듯이) 앞으로 다가올 새로운 분업시대에는 공급 측면의 요인들이 인플레이션과 채권시장, 원자재 시장에 보다 영향력을 크게 미침으로써 각국 경제의 차별화를 이끌 것으로 예상된다. 인플레와 금리의 각국 경제에 대한 영향력이 달라지고 기업실적에 대한 영향에도 차이가 크다면 각국 증시의 차별화가 커질 것이다. 따라서 투자자들은 국내주식과 해외주식의 적절한 분산투자를 지향할 필요가 있다. 물론 세계증시의 상관성은 앞으로도 계속 높겠지만 이는 아주 초 단기적이거나 초 장기적인 경우에 그렇다는 것이고, 2~3년 정도의 중기 상황에서는 나라별로 주가 성과 차이가 클 것으로 예상된다.

제3부 주식편에서도 코스피와 나스닥의 최근 수익률 차이가 혁신 성장기업의 보유 유무에서 나온 것임을 강조하면서 주가 성과가 나라별로 커지는 합리적 이유가 있음을 주장한 바 있다. 물론 달러가치가 너무 비쌀 때 해외주식을 급하게 늘리기보다는 적절한 속도 조절도 필요하겠지만 여기서는 짧은 기간의 전략을 논하는 것이 아니다. 해외주식 투자는 미국증시(미국증시에 상장된 유럽이나 중국 ADR[114]도 포함)를 중심으로 하되 여유가 있다면 작은 비중이라도 인도와 베트남 등 성장성이 높은 신흥국 주식에 투자하는 것도 나쁘지 않을 것이다. 중장기로 혁신성장주 중심의 미국

---

[114] 미국 시장에서 발행된 주식 대체증서를 ADR(American Depositary Receipts)이라고 한다. 주식예탁 증서는 기업이 해외 증권거래소에 주식을 상장하는 경우 해외 투자자에게 원주에 대한 소유권을 인정하는 표시로서 발행하는 증서이다. 미국증시에서 ADR은 일반 주식과 마찬가지로 종목 티커가 부여돼 자유롭게 거래된다. 유럽과 중국기업의 ADR이 대표적이다.

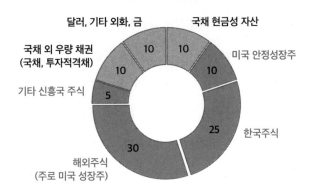

공격적 자산 포트폴리오의 예

달러, 기타 외화, 금

국채 현금성 자산

국채 외 우량 채권
(국채, 투자적격채)

미국 안정성장주

기타 신흥국 주식

10   10

10   10

5

25

30

한국주식

해외주식
(주로 미국 성장주)

주: 위 포트폴리오는 이해를 돕기 위한 예시이지 모든 투자자에게 적합한 자산배분은 아니다. 전체 금융
   자산을 100으로 했을 때 중장기 관점에서 기본적인 자산배분 비율을 예시한 것이다. 현금성 자산은
   언제라도 즉시 현금화했을 때 거의 손실이 없는 금융자산을 말한다.

주식을 주식자산 전체의 50% 이상을 유지할 것을 제안하는 이유
는 제3부 자산시장 편에서도 다뤘듯이 미국증시에 세계적인 우
량 성장기업이 많이 포진해 있는데다 주주환원율[115]도 높기 때문
이다.

또한 필자는 미국증시에서 안정성장 스타일의 주식을 전체 자

---

115   주주환원율은 당기순이익에서 배당금총액, 자사주매입금 등 총 주주환원금액이 차지하는 비율
     을 의미한다. 지난 10년간 한국의 평균 주주환원율은 29% 수준인 것에 반해, 미국은 92% 수준
     이다.

산에서 일정 부분 유지해 갈 것을 제안한다. 안정성장주는 대형 제약, 헬스케어, 필수소비재(음식료, 생활용품), 우량금융 등 사업모델이 단순하고 세계시장 점유율이 높은 기업들이 주를 이루는데, 이들 가운데 꾸준한 성장이 가능한 기업이 그 대상이다. 매년 이익의 변동이 낮아 주가 변동성도 낮고 주주환원율이 높아 장기보유 시 복리 배당투자의 효과를 누릴 수 있다. 이들은 위험자산에 속하지만 준안전자산으로 손색이 없다. 한국에도 이런 세계적인 우량 안정성장 기업들이 많이 나왔으면 하는 바람이다. 혁신성장주와 안정성장주, 또 기타의 해외주식 투자에서 구체적 종목 선정이 어렵다면 관련 ETF를 골라 투자하면 된다.

환경 변화는 혁신으로 맞선다

코로나19는 다 아는 바와 같이 2019년 11월, 중국 후베이성 (湖北省) 우한시에서 처음 발생한 뒤 전 세계로 퍼진 급성 호흡기 전염병이다. 세계보건기구(WHO)에 따르면 2024년 1월 기준 전 세계 코로나19 공식 누적 확진자(완치, 사망 포함)는 약 7억 7,408만 명인데 이는 세계인구의 9.7%에 달하는 수치다. 코로나19로 인한 사망자는 701만 3,000명에 달한다. 하지만 WHO는 저개발국들의 집계 미비 등의 이유로 비공식 사망자가 1,500만 명을 넘었다고 보고 있다. 2022년 하반기로 접어들면서 각국 보건당국은 이 질병의 전염병 단계를 낮췄다. 전문가들은 전 세계 인구의 대부분이 백신 접종 후 한 번씩은 코로나19에 감염되고 혼합 면역을 획득한 후에 비로소 진정세에 들어섰다고 보고 있다. 사실상 코로나19는 이제 각국이 생활방역 수준으로 대응하는 국면으로 접어들었고 우리는 이를 위드 코로나 또는 엔데믹 시대라 부른다.

이 책을 마무리하면서 새삼 코로나19를 장황하게 반추해 본 이유는 코로나19의 물리적 후유증이 아니라 경제적 후유증에 대해 다시 한번 살펴보기 위함이다. 코로나19라는 세계적 재난으로 인해 각국 정부와 중앙은행들이 열심히 푼 재정지출과 통화량이 앞으로 엔데믹 시대에 적지 않은 영향을 줄 것이란 점 때문에 본서에서는 이 부분에 보다 분석 역량을 집중했다. 코로나19라는 전염병은 사실상 종식됐지만 이 질병이 낳은 경제적 영향은 이제부터 시작일 수도 있다는 우려를 지울 수 없었기 때문이다. 코로나19가 유행하던 2020년부터 2022년까지 3년은 이 괴상한 바이러스로 인해 전 세계인이 자유롭게 이동하지 못하고 경제활동을 제대로 하지 못한 시기였다. 반면 지금의 엔데믹 초기 3년(일단 2023~2025년을 유동성 후유증 기간으로 보지만 더 길어질 수도 있음) 정도는 고삐 풀린 유동성이 경제활동 재개와 만나 각종 변종 금융 바이러스가 창궐하는 시기라 본다.

2007년부터 2022년 말까지 미국의 총통화는 14.3조 달러 증가했는데 이 중 42%가 2020~2022년 코로나 기간에 증가했다. 연준의 보유자산도 2007년부터 2022년까지 8조 달러가 늘었고 이 중 절반이 넘는 4.4조 달러가 팬데믹 기간 중 늘었다. 좀

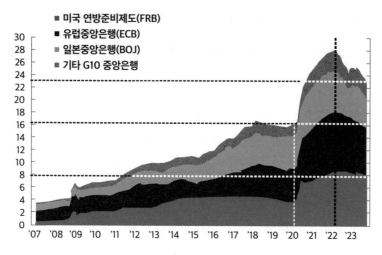

G10 중앙은행들의 자산 추이

- 미국 연방준비제도(FRB)
- 유럽중앙은행(ECB)
- 일본중앙은행(BOJ)
- 기타 G10 중앙은행

주: 중앙은행들이 시중에 통화를 얼마나 공급했는지를 보기 위해 보유자산 흐름을 관찰함

더 확대해서 보면 2007년 3.3조 달러였던 G10[116] 중앙은행 자산은 2023년 9월까지 19.7조 달러가 늘어나 23조 달러에 이르렀다. 이는 G10 중앙은행이 2007년 이후 17년간 시중에 돈을 약 7배나 풀었다는 말이다. 물론 이 중 일부는 중앙은행에 재예치되어

---

116   G10은 OECD 내에 또 다른 선진국 모임이다. 미국, 일본, 독일, 프랑스(G5)에 캐나다, 이탈리아 (G7) 외에 4개국이 추가된 모임이다. 초기에는 스웨덴, 네덜란드, 벨기에로 G10이 구성됐는데 1984년 스위스가 참가해 모두 11개 나라가 됐다.

있으므로 이 돈이 시중에 모두 유통되고 있는 건 아니지만 상황에 따라서는 얼마든지 유동성이 시중에 추가로 흘러 들어올 수 있다. 특히 2007년 이후 지난 17년간 11개 선진국 중앙은행들이 푼 돈의 35.5%에 해당되는 7조 달러의 통화가 팬데믹 기간 중 풀린 것을 보면 이번 코로나 기간 중 통화량이 2008년 세계 금융위기 때보다 더 밀도 있게, 단기에 집중해서 팽창됐음을 알 수 있다.

돌이켜 보면 코로나19는 많은 폐단을 양산했다. 앞서 본 것처럼 각국이 올림픽 경기에서 메달 경쟁하듯 돈을 마구 찍어댔고 경제 봉쇄로 만들어진 초저금리 상황에서 별 저항 없이 재정지출과 부채가 폭증했다. 대기업과 중소기업은 더 양극화됐으며, 벤처기업과 영세기업은 몰락했고 자산가격 상승으로 소득불평등은 확산됐다. 소비 증가에 기여했던 초과저축은 2021년 최고 2.2조 달러까지 증가해 물가 상승을 거들었고 경기 변동성을 높이는 결과를 낳았다. 자산시장은 불어난 유동성과 이후 경제활동 재개 덕분에 초 호황을 누렸고 돈은 생산적인 쪽보다는 투기적인 쪽으로 더 빠르게 흘러 들어갔다. 사실 많은 나라에서 코로나19 전부터 통화 팽창과 각종 부채의 증가, 국가재정의 부실화가 진행되고 있었는데 코로나19가 그 추세를 한 번 더 강하게 튕겨준 측면이 있다. 돈에는 항상 공짜가 없다.

코로나 시대에 풀린 돈으로 인해 포스트 코로나 시대에 우리가 앞으로 감당해야 할 비용은 작지 않아 보인다. 지난 2020년부터 코로나19와 싸우며 지금까지 어렵게 살아왔듯이 지금 우리는 위드 코로나 시대의 통화, 재정, 부채, 인플레이션, 금리 상승의 부작용과 맞서 전인미답(前人未踏)의 길을 걷고 있는 셈이다. 또한 지난 시절 코로나19가 알 수 없는 경로를 타고 전염되고 변이를 일으키며 우리의 생명과 보건 시스템을 위협했듯이 엔데믹 국면에서의 금융 바이러스 또한 어떤 전염과 변이로 각국 경제 시스템을 교란하고 못살게 굴지 알 수 없는 일이다.

우리는 이 책에서 물가와 금리, 통화정책의 굵직한 방향성을 찾는 데 주력했다. 우선 지금 전 세계 중앙은행과 정부, 그리고 정치가들은 점점 더 깊은 유동성 포퓰리즘에 빠져 들고 있고 모든 경제 주체들도 여기에 익숙해져 있어 통화와 재정정책을 양대 축으로 한 이 대담한 유동성 정책은 앞으로도 지속될 가능성이 높다. 이는 때마침 불어온 세계경제 패러다임 변화와 맞물려 예전에 비해 물가와 금리 레벨을 높이고 자산시장에 지대한 영향을 미칠 것으로 내다봤다.

지난 수십 년간 제한된 인플레이션과 금리 안정 속에 상승 탄력을 받았던 위험자산은 이제 중금리의 맞바람을 뚫고 앞으로 나가야 할 입장이다. 그렇다고 모든 자산시장이 재미없다는 말은 아니다. 필자는 단지 지난 시절과 비교할 때 상대적으로 위험자산의 장기 평균수익률이 조금 떨어지고 주가나 채권, 부동산 가격 모두 예전보다 상승 기간은 짧아지고 변동성은 커질 것을 전망했다. 그럼에도 불구하고 주식시장은 모든 위험자산 가운데 인플레이션 환경에서 가장 유리한 자산군으로 평가했다. 향후 자산시장에서 좋은 성과를 거두려면 돈의 흐름을 파악해 길목을 지키는 투자전략이 중요하다고 봤고 끝으로 다가올 경제환경에서 정부와 기업, 또 투자자들이 고민해야 할 과제들을 함께 나눠봤다.

경제의 패러다임 변화는 마치 시간이라는 공공재와 같아서 누구에게나 공평하게 주어지고 선택해서 빗겨갈 수 있는 것도 아니다. 오로지 그 변화의 원인과 영향을 정확히 간파하는 자만이 피해를 최소화하고 오히려 이를 기회로 삼을 수 있을 것이다. 국가나 기업, 개인 모두 마찬가지다. 정부와 정치권은 앞으로의 10년을 '새로운 한강의 기적'을 만들기 위해 '헌법 빼고 다 바꾼다는 각오'로 혁신해야 한다. 기업은 고(故) 이건희 삼성그룹 회장이 남긴 선언적인 말대로 배우자와 자식 빼고 다 바꾼다는 정신으로 새로운 환경에 도전해야 한다. 거시환경과 금융 패러다임이 지난 수십 년과는 다른 결로 움직인다면 투자자들도 과거는 잊고 새로운 변화의 길목을 지켜야 할 것이다.

오해는 마시라. 무조건 옛날 것은 다 낡은 적폐의 대상이고 폐

맺음말

기처리 해야 한다는 뜻은 아니다. 이분법적인 사고나 고리타분한 관습, 이념, 명분으로 접근할 일은 더욱 아니다. 다만 환골탈태의 각오로 혁신하지 않으면 국가도 기업도 개인도 10년 후 지금의 자리조차 지키기 어렵다는 것을 강조하기 위함이다. 혁신은 가죽을 벗겨낼 때의 아픔을 겪을 만큼 파격적인 변화를 뜻한다. 지금이 바로 모두가 혁신할 때다.

서문에서 강조했듯이 이 책은 완벽한 예측서도 아니고 제시된 솔루션도 아직 미완성이다. 다만 엔데믹 시대에 급박하게 돌아가는 경제환경을 통화량과 인플레이션이란 시각으로 정리해 봄으로써 다가오는 경제환경에 대응하는 지혜를 함께 나눠 본 책이다. 본서의 마지막 장에서 제시한 대응과제와 전략은 아직 발제 수준에 불과하다. 1970년대 세계를 떠돈 공급 인플레이션 유령과는 종자가 다른 정체불명의 복합 인플레가 다가오고 있다. 이 변화의 물결을 공론화하고 대응 전략을 찾는데 이 책이 조금이라도 일조를 한다면 더 이상 바랄 게 없겠다.

머니스톰

초판 1쇄 발행 2024년 2월 21일

지은이 김한진, 송주연
펴낸이 김선준

편집이사 서선행
책임편집 최한솔
편집3팀 오시정, 최구영
마케팅팀 권두리, 이진규, 신동빈
홍보팀 조아란, 장태수, 이은정, 유준상, 권희, 박지훈, 박미정
디자인 김세민 **표지 사진** ⓒ한경매거진 이승재
경영관리 송현주, 권송이

펴낸곳 페이지2북스
출판등록 2019년 4월 25일 제 2019-000129호
주소 서울시 영등포구 여의대로 108 파크원타워1, 28층
전화 070)4203-7755 **팩스** 070)4170-4865
이메일 page2books@naver.com
종이 월드페이퍼 **인쇄 및 제본** 한영문화사

ISBN 979-11-6985-066-7 (03320)